BIBLIOTHÈQUE DES ACTUALITÉS INDUSTRIELLES. Nᵒ 18

GUIDE
DU PHOTOGRAPHE

ET DE

L'AMATEUR PHOTOGRAPHE

PAR

P. FABRE-DOMERGUE

Cliché pelliculaire Eastman fait avec l'Express Detectiv Nadar.

PARIS

BERNARD TIGNOL, ÉDITEUR

45, QUAI DES GRANDS-AUGUSTINS, 45

GUIDE DU PHOTOGRAPHE

ET DE

L'AMATEUR PHOTOGRAPHE

BIBLIOTHÈQUE DES ACTUALITÉS INDUSTRIELLES. N° 18.

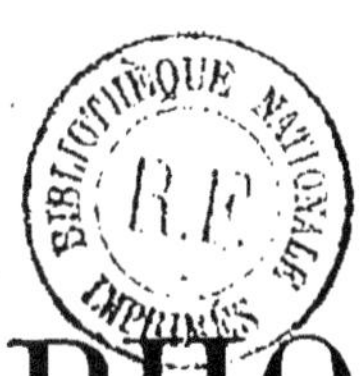

GUIDE

DU

PHOTOGRAPHE

ET DE

L'AMATEUR PHOTOGRAPHE

PAR

P. FABRE-DOMERGUE

AVEC 50 FIGURES DANS LE TEXTE

PARIS

BERNARD TIGNOL, ÉDITEUR

45, QUAI DES GRANDS-AUGUSTINS, 45

1888

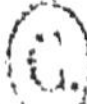

INTRODUCTION

Avec les perfectionnements continuels des instruments et des procédés, la photographie est entrée dans ces dernières années en une voie nouvelle. Simple et rapide, n'exigeant point, comme autrefois, un encombrant attirail et une pratique exercée, elle peut être considérée comme un moyen de travail, comme un auxiliaire puissant que l'artiste, le savant, l'industriel accueillent avec une faveur d'autant plus grande, que la technique s'en simplifie davantage. Et l'on peut prévoir une époque où il n'y aura plus de photographes, mais où chacun, possédant un appareil approprié à ses besoins, le montera au moment voulu, exécutera la reproduction ou le cliché désirés, puis le remettra à sa place, jusqu'à nouvel ordre, aussi facilement que le peintre se sert de sa palette et le dessinateur de ses instruments habituels, le crayon et les pinceaux.

Ce petit traité est spécialement écrit dans le but de mettre n'importe qui à même d'utiliser l'objectif photographique, soit pour son plaisir, soit pour son travail, et l'auteur, négligeant à dessein toutes les considérations d'ordre inférieur qui embarrassent le débutant, au lieu de lui servir, s'est attaché à exposer aussi clairement que possible l'emploi judicieux des appareils.

La préparation des couches sensibles par exemple, est une opération que jamais un photographe, même exercé, ne s'amusera à exécuter lui-même, sauf dans certaines circonstances particulières, puisqu'on en trouve dans le commerce de bien préparées et à un prix *inférieur* à celui que demanderait la préparation de ces glaces faite en petit dans un laboratoire d'amateur. Le chapitre qui traite de ce sujet a donc été écrit surtout pour mettre l'opérateur au courant des produits qu'il manipule, pour lui donner une idée nette du principe d'après lequel on prépare le gélatino-bromure et non pour l'engager à se lancer dans cette préparation.

L'on pourrait, à propos des appareils, faire les mêmes observations. Les uns sont indispensables, les autres inutiles au praticien, bien que présentant un certain intérêt au point de vue théorique. On a imaginé une foule de sensitomètres, d'actinomètres qui mesurent avec la plus extrême rigueur, l'intensité chimique de la lumière. Pour s'en servir, l'on doit tenir compte de l'ouverture du diaphragme, du foyer de l'objectif, etc., toutes données rigoureuses; malheureusement un facteur varie constamment; c'est la couche sensible qui n'est jamais semblable à elle-même chez un même fabricant, de sorte que l'on n'arrive jamais qu'à un à peu près, et qu'en pratique il vaut mieux s'en rapporter à la sensibilité de l'œil pour juger du temps de pose qu'exige un sujet, et l'on y arrive très rapidement. J'ai connu plusieurs inventeurs d'actinomètres qui ne s'en sont servis que dans les huit jours qui ont suivi la conception et la fabrication de l'appareil — pour le principe.

Avoir une bonne chambre noire, un objectif remplissant tous les désiderata et quelques accessoires indispensables, trouver une bonne sorte de plaques sensibles à laquelle on s'habitue et opérer toujours méthodiquement, tel est le but que doit se proposer tout individu, qui considère la photographie comme un moyen d'étude ou de plaisir et qui tient à éviter, autant que possible, toutes les complications et les manipulations qu'entraînait autrefois le maniement des couches sensibles.

Mais il est une habitude, je pourrais dire une véritable maladie, que contractent les amateurs et contre laquelle je me fais un devoir de mettre en garde le débutant. Cette maladie a pour symptôme principal une paresse invincible à conduire un cliché au delà du lavage final. En d'autres termes l'amateur acquiert une sorte de sens esthétique spécial qui, lui permettant de voir par l'imagination quels résultats donneront un beau cliché, l'entraîne à admirer l'œuvre latente contenue dans le négatif sans chercher à en tirer parti et je connais nombre de bons photographes qui ont ainsi accumulé des centaines de clichés et qui ne possèdent seulement pas dix photographies dans leur portefeuille. Que le débutant n'oublie donc pas que, comme tous les arts de reproduction, la photographie n'est qu'un moyen créé par l'homme pour atteindre un but artistique, scientifique ou autre et que s'arrêter au négatif c'est enlever à cet art son véritable sens pour en faire un objet de curiosité.

Je ne puis terminer cette introduction sans adresser ici mes remerciments à ceux qui m'ont aidé et encouragé dans la rédaction de ce petit livre : MM. Enjalbert, Marion, Martin, Vavasseur, Carrette qui ont bien voulu me confier les figures dont j'avais besoin. Je suis particulièrement reconnaissant à l'éminent artiste, M. Paul Nadar, de son amabilité et de son empressement à me mettre au courant de tous les nouveaux et intéressants procédés américains encore si peu connus et si dignes pourtant d'attirer l'attention de ceux qu'intéressent en France les progrès incessants de la photographie.

GUIDE DU PHOTOGRAPHE

ET

DE L'AMATEUR PHOTOGRAPHE

PREMIÈRE PARTIE

LE GÉLATINO-BROMURE D'ARGENT

**Théorie du gélatino-bromure
et de la formation des images par la lumière.**

La photographie au gélatino-bromure d'argent est basée
sur la propriété qu'a le bromure d'argent, modifié physiquement en présence de la gélatine, de donner, sous l'influence de la lumière et de certains corps, des images négatives dans lesquelles les parties les plus lumineuses de
l'image sont les plus transparentes du cliché.

Pour préparer les glaces au gélatino-bromure, on dissout
dans de l'eau un bromure alcalin, du bromure de potassium, par exemple, un sel d'argent, l'azotate et enfin de la
gélatine. Il se forme du bromure d'argent insoluble qui
reste en suspension dans la gélatine, et de l'azotate de
potasse soluble que l'on élimine en lavant la gélatine prise
en gelée par le refroidissement. Mais le bromure d'argent
normal est très peu sensible aux rayons lumineux et l'on
doit le modifier physiquement par une opération destinée à
lui conférer cette sensibilité ; c'est le mûrissement de la

1

solution gélatineuse que l'on nomme *émulsion*. Le murissement de l'émulsion s'effectue de différentes manières, mais toujours avant l'opération du lavage.

Nous voyons déjà ici un exemple de l'obscurité qui règne encore dans la connaissance des réactions photographiques. L'expérience seule a appris que, sous l'action de la chaleur ou de l'ammoniaque, le bromure acquérait plus de sensibilité à la lumière, mais il n'en reste pas moins, pour le chimiste, du bromure. L'on est contraint d'expliquer le phénomène, en disant que son état moléculaire s'est modifié et la photographie tout entière est basée sur des réactions analogues. Lorsque la glace sensible a été exposée aux rayons lumineux dans la chambre noire, elle ne présente aucune image et celle-ci n'apparaît que sous l'action d'un *développateur*, fer ou acide pyrogallique, et l'analyse nous prouve que l'image qui apparaît alors est formée d'argent réduit. A quoi est due cette réduction proportionnelle ? à l'action de la lumière. Le développateur ou, pour mieux dire, le réducteur se trouve en présence d'une couche uniforme de bromure d'argent et pourtant la réaction, au lieu d'être uniforme, s'effectue seulement dans les points frappés par la lumière. Nous devons donc admettre que celle-ci a produit une modification du bromure, puisqu'il a acquis la propriété de se réduire en présence du développateur. Cette action est-elle chimique ou purement physique ? Les auteurs sont loin d'être d'accord sur ce point et un grand nombre d'expériences ont été faites par Bareswill et Davaine, Moser, Van Monckhoven pour défendre ces deux opinions. L'on ne peut s'attendre à rencontrer ici un exposé complet de la théorie photographique qui exigerait plus de place que ce volume n'en contient; aussi me bornerai je à dire que l'on admet généralement aujourd'hui une modification moléculaire du bromure et que l'action de la lumière peut, dans ce cas, être comparée à celle qu'a observée Moser dans une de ses

plus intéressantes expériences. Une lame de verre exposée
au soleil derrière un papier découpé donne la silhouette de
ce papier, lorsqu'on projette l'haleine à sa surface. Le même
phénomène a lieu si, au lieu d'une glace, on se sert d'une
lame d'argent poli et, de plus, l'on constate sur cette lame
une condensation des vapeurs mercurielles aux points
insolés exclusivement.

Le bromure insolé resterait donc bromure, mais acquére-
rait la propriété de se réduire en présence d'un développateur. Il aurait subi une modification physique.

Résumant maintenant en quelques lignes le principe de la
formation des images négatives par la lumière, autant que
nous le permettent nos connaissances actuelles sur le sujet,
nous dirons que l'image négative est formée sur le cliché
par la réduction du bromure d'argent modifié physiquement
sous l'action des rayons lumineux, la fixation du cliché
étant une opération secondaire, qui consiste à dissoudre le
bromure non réduit par le développateur.

Du laboratoire et de son éclairage.

Extrêmement sensible à la lumière blanche, le gélatino-
bromure d'argent se modifie à des degrés divers, sous
l'action des rayons colorés émanant du spectre. Les rayons
violets, indigos, bleus, l'impressionnent activement, le vert
beaucoup moins et enfin, en décroissant toujours, le jaune,
l'orangé et le rouge n'ont plus d'action sur lui. C'est ce que
l'on exprime en disant que les premières couleurs sont très
actiniques et les dernières au contraire, faiblement actiniques.
Un paysage où se trouve beaucoup de vert paraîtra noir en
photographie, parce que le vert, étant déjà peu actinique,
n'impressionne plus le bromure et ne lui confère pas la

propriété de se réduire au développement, d'où, transparence du négatif et, par conséquent, impression du positif.

Le rouge étant la couleur la plus faiblement actinique, on utilise, pour l'éclairage du laboratoire, des verres très foncés, de cette couleur qui ne laissent passer que les rayons rouges de la lumière éclairante et permettent d'opérer les manipulations sans impressionner les plaques.

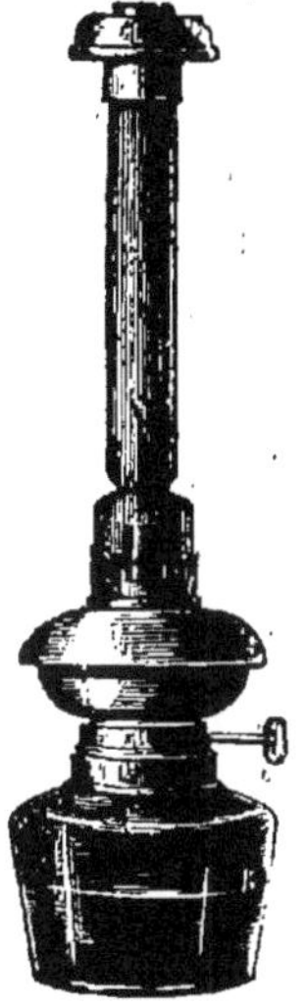

Fig. 1. Lampe d'atelier
à verre rouge.

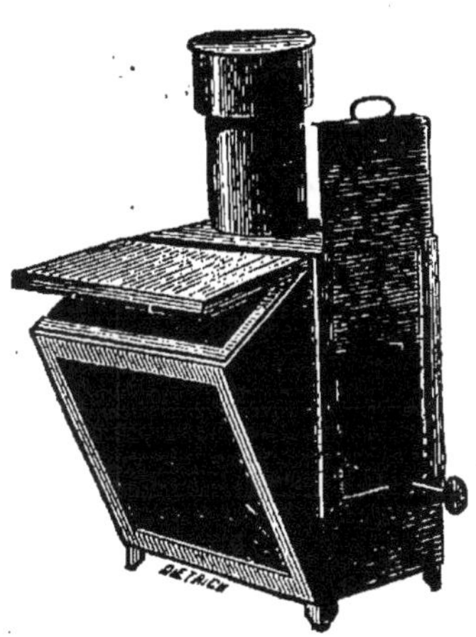

Fig. 2. Lanterne fixe d'atelier
à verres rouges superposés.

Le mode d'éclairage le plus commode dans la pratique est celui que nous fournissent les lanternes à verres rouges, en usage dans tous les laboratoires. Une bonne lanterne devra être peu encombrante, afin de pouvoir se transporter en voyage, ne laisser passer aucun rayon lumineux autre que ceux qui traversent le verre rouge ; enfin elle doit posséder deux verres superposés, l'un rouge, l'autre jaune ; le premier monté à volet peut s'ouvrir et la lanterne donne alors une lumière plus forte, quoique encore assez peu actinique pour permettre de suivre plus commodément le développement de l'image photographique. Nous reviendrons d'ailleurs sur ce point en parlant du développement des clichés.

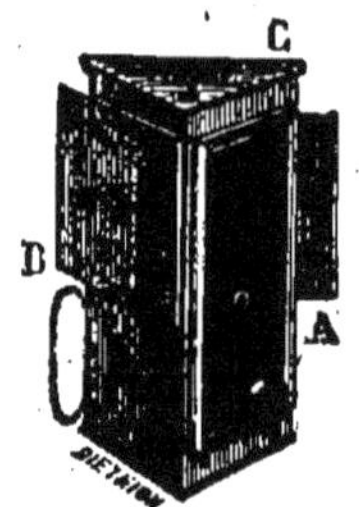

Fig. 3. Lanterne pliante ouverte.

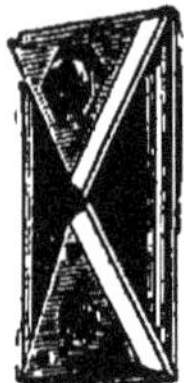

Fig. 4. La même fermée.

Toute pièce parfaitement obscure peut servir de laboratoire, mais il faut bien s'assurer qu'elle ne laisse passer aucun rayon lumineux si mince soit-il. En s'enfermant sans lumière dans la pièce, on vérifie facilement ce point et alors il faut boucher les jours avec du papier noir. Si la pièce dont on veut faire un laboratoire possède une fenêtre, on pourra faire garnir celle-ci de verres rouges, recouverts de légers volets de carton.

Le laboratoire, indispensable lorsqu'on veut préparer des plaques, n'est pas, hâtons-nous de le dire, une chose absolument nécessaire à qui ne fait de la photographie qu'en passant et d'une façon irrégulière. L'on a vite fait, avec quelques rideaux, de transformer une pièce en chambre obscure : une table ou quelques chaises, un broc et un seau remplacent les installations compliquées et, avec un peu d'habitude, on s'en trouve fort bien. Si, au retour d'une excursion, l'on a un grand nombre de plaques à développer, le mieux est de faire cette opération le soir.

Les ustensiles nécessaires pour la préparation des plaques sont peu nombreux : une plaque de verre bien de niveau pour laisser faire prise à la gélatine que l'on vient de verser sur la glace, un séchoir, un bain-marie chauffé au gaz ou au pétrole, quelques verres à bec (vases à précipité) et quelques agitateurs en verre.

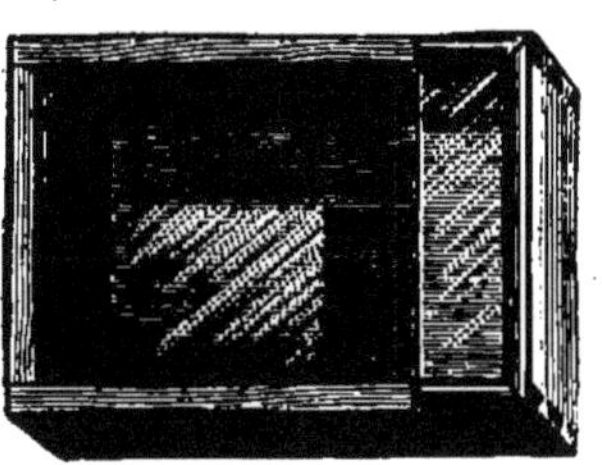

Fig. 6. Cuvette à fond de verre et à recouvrement.

Fig. 5. Cuvette en porcelaine.

Fig. 7. Crochet en baleine pour manier les glaces dans les bains.

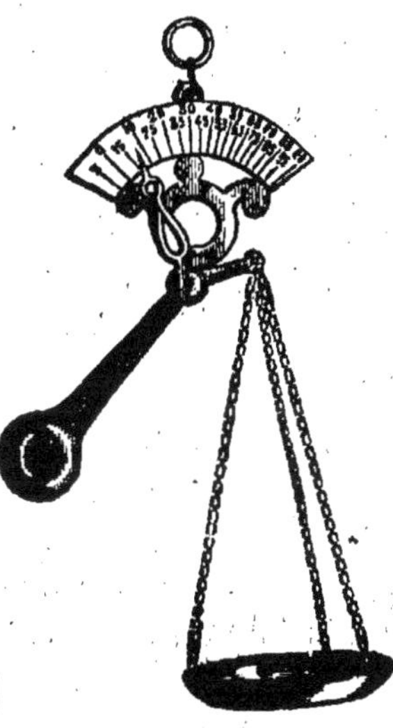

Fig. 8. Balance peson pour peser les produits.

Le matériel se simplifie encore davantage si l'on se sert de glaces toutes préparées : une cuvette en porcelaine pour le développement avec un carton ou un couvercle quelconque, deux cuvettes en carton durci pour le fixage et l'alunage ; quelques grands plats carrés pour le virage et le fixage des épreuves positives, une cuve en zinc à rainures pour le lavage des clichés, un verre gradué pour les dosages, un petit crochet plat pour soulever les glaces dans le développateur[1].

Plus l'on simplifie son matériel et plus facile devient la tâche ; aussi le commençant devra-t-il éviter de s'encombrer d'une foule d'accessoires inutiles, qui ne feraient qu'augmenter son bagage sans nécessité.

Préparation de l'émulsion.

Sans entrer dans de longs détails sur ce chapitre, puisque je suppose que le lecteur achète ses glaces toutes préparées, je vais donner ici une méthode qui lui permettra de mieux saisir le principe du gélatino-bromure et de se rendre compte des nombreuses formules dont parlent les journaux de photographie, formules qui sont toutes basées sur un seul principe et varient seulement quant à la forme. La méthode suivante a été indiquée par le Dr Eder.

On fait 4 solutions différentes :

1° Eau distillée. . . . .   250 cc.
   Nitrate d'argent. . . . . . .   50 gr.
   Ammoniaque. — En quantité suffisante pour redissoudre le précipité formé.

2° Eau distillée. . . . .   250 cc.
   Bromure d'ammonium . . . .   40 gr.
   Iodure de potassium . . . . .   1 gr.

3° Gélatine tendre (de Winterthur) .   50 gr.
   Trempée pendant une heure ou deux, rincée, puis égouttée et fondue dans son eau d'absorption.

---

1. On fait rapidement un très bon crochet avec une baleine de parapluie que l'on taille en spatule à son extrémité et qu'on recourbe en l'approchant de la flamme d'une bougie. Après refroidissement, la baleine garde la position qu'on lui a imprimée quand elle est ramollie par la chaleur.

4° Gélatine dure (Coignet) . . . .   25 gr.
Ammoniaque . . . .   25 cc.

  Après qu'on a fondu la gélatine de la même façon que précédemment, on y ajoute l'ammoniaque.

Mélanger à basse température la solution 2 à 1/6 de la solution 3. La gélatine devra être aussi froide que possible sans pour cela faire prise. Agiter vivement et ajouter dans l'obscurité la solution 1 froide. Agiter et maintenir au bain-marie à 35° pendant une demi-heure en agitant souvent, ajouter enfin la solution 4 et laisser dans l'eau à 35° pendant un quart d'heure.

A ce moment l'émulsion est faite; le bromure d'ammonium et les sels d'argent ont donné par double décomposition un bromure d'argent qui reste en suspension dans la liqueur gélatineuse. Si l'on étend un peu de cette émulsion sur une lame de verre et qu'on regarde à travers une flamme blanche de gaz ou de pétrole la couche paraîtra d'un rouge orangé. A ce moment, le bromure n'est pas modifié et est encore peu sensible; l'opération suivante, en le modifiant physiquement, va lui donner sa sensibilité.

Mûrissement de l'émulsion.

Plusieurs méthodes ont été employées ensemble ou séparément pour augmenter la sensibilité du bromure d'argent. La plus simple est de verser l'émulsion précédente dans une cuvette en couche de 2 à 3 centimètres et de l'abandonner à elle-même dans la plus complète obscurité. Elle se modifie alors peu à peu, et si l'on en prend chaque jour un fragment et qu'on l'étende sur une lame de verre, on observe qu'elle apparaît devant un bec de gaz ou toute autre flamme blanche, d'abord rouge orange, puis bleu verdâtre, bleu foncé et enfin gris lavande; cette dernière teinte correspondant au maximum de sensibilité. Si, au lieu de laisser l'émulsion faire prise dans l'obscurité, on la maintient dans un bain-marie fortement chauffé, de 95° à 105°, l'on voit survenir les mêmes modifications de couleur. L'on comprend dès lors qu'il est facile d'arrêter le mûrissement au point voulu; én général, il ne faut pas aller trop loin et l'on doit s'arrêter au moment où l'émulsion donne par transparence la couleur bleue.

Lavage de l'émulsion.

L'émulsion convenablement *mûrie* doit être lavée à l'effet d'en éliminer les sels alcalins résultant de la double décomposition. Pour cela, on la laisse faire prise à une basse température (10° C. environ) et on la divise en fragments aussi minces que possible, soit en l'enfermant dans un sac de canevas que l'on tord sous l'eau dans une terrine, soit en la comprimant dans une presse *ad hoc*. L'eau doit être aussi fraîche que possible et s'écouler constamment. Le meilleur mode de lavage est d'enfermer l'émulsion divisée dans un sac de toile que l'on dépose dans une terrine sous le robinet d'une fontaine et dans le cabinet noir naturellement. Ce lavage doit durer dix à douze heures.

Filtration de l'émulsion.

L'émulsion lavée et égouttée est redissoute dans son eau d'absorption au bain-marie à basse température et filtrée à travers une toile pliée en quatre, puis à travers une peau de chamois. Cette opération est assez longue, aussi a-t-on imaginé des appareils qui permettent de faire le vide dans le récipient qui reçoit l'émulsion filtrée ou au contraire de comprimer l'air au-dessus de l'entonnoir, ce qui revient au même.

Extension de l'émulsion.

L'on a préparé et nettoyé, puis séché un certain nombre de glaces; il s'agit de les recouvrir d'émulsion. Pour cela on maintient celle-ci liquide sur un bain-marie, on prend chaque glace que l'on chauffe légèrement si la température est trop basse, puis on y verse l'émulsion de façon à la couvrir également. Lorsqu'on a l'habitude de collodionner des glaces, cette opération est facile, mais elle présente certaines difficultés pour les mains peu exercées; dans ce cas, la meilleure manière de s'en tirer proprement est de déposer la glace sur trois pointes dont on a préalablement vérifié le niveau très exactement. On verse alors sur la glace la quantité d'émulsion nécessaire pour la recouvrir et avec un agitateur coudé à 45° on l'étend partout. Pour une glace de 13×18, il faut 8 ou 9 centimètres cubes d'émulsion. Quand la glace est bien couverte, on met l'agitateur dans le pot à émulsion et, pendant que la glace se refroidit, on en prépare une autre. La glace froide et l'émulsion solidifiée, on la dépose sur un séchoir et l'on passe à la seconde glace. Il faut éviter de faire couler de l'émulsion sur le dos des glaces que l'on recouvre; mais, si cet accident se produisait, le mieux serait de ne pas essayer d'y remédier avant que l'émulsion ait bien fait prise.

Séchage des glaces.

Lorsque l'on a ainsi recouvert un certain nombre de glaces, il faut les faire sécher le plus rapidement possible et

à une température assez basse. Un air froid et sec est ce qui
convient le mieux pour le séchage. En général, on dispose
dans une grande armoire, fermant bien, un certain nombre
de séchoirs ; les glaces y sont disposées verticalement ou
légèrement inclinées, des ouvertures protégées par des
tubes coudés pour arrêter la lumière permettant une bonne
ventilation. Elles doivent être percées dans les faces inférieure et supérieure de l'armoire. Il faut éviter de faire
sécher les glaces dans un air vicié par un foyer de chaleur
brûlant sans tirage, ce qui produit immédiatement le voile
de toutes les plaques.

Emballage et conservation.

Les plaques sèches sont empaquetées de façon à pouvoir
être conservées et transportées sans danger de voile. Pour
cela, on les place deux à deux, couche contre couche, en les
séparant au moyen de bandes de papier pliées en deux et
placées à cheval aux extrémités d'une des glaces. Il est
prudent de ne faire que des paquets de quatre glaces enve-
loppées séparément dans du papier noir. Les trois paquets
formant la douzaine sont ensuite enveloppés dans une
feuille de papier noir. Une excellente précaution que tous
les photographes devraient employer, surtout dans les con-
trées humides, serait d'envelopper le paquet ainsi formé
dans une feuille de papier d'étain. L'on assure ainsi la
conservation des plaques en les soustrayant entièrement
à l'influence hygrométrique de l'air.

Il va sans dire que si l'on ne développe pas immédiatement les glaces exposées, il est nécessaire de les emballer
à nouveau avec les mêmes précautions, jusqu'au moment
du développement et là, surtout, il importe de séparer les
couches par une feuille de papier à cause des actions subsé-

quentes qui pourraient se produire entre les surfaces insolées en contact immédiat.

Plaques isochromatiques.

En mélangeant certaines matières colorantes à l'émulsion, avant de la verser sur les glaces ou en trempant celles-ci après les avoir émulsionnées et séchées dans les solutions colorantes, l'on obtient des plaques qui possèdent la propriété de donner le ton exact des objets, qu'elle qu'en soit la couleur. Chacun sait que le vert, le rouge, le jaune, étant, comme je l'ai dit plus haut, des couleurs anactiniques, n'impressionnent que très peu le gélatino-bromure et, par conséquent, se traduisent en noir dans l'épreuve positive, le bleu, le violet, au contraire, sont très actiniques et viennent en blanc. Il en résulte une interprétation fausse de la valeur des couleurs reproduites, d'autant plus choquante que leurs couleurs sont plus vives. Une robe jaune, par exemple, nous donne une impression lumineuse bien supérieure à celle qu'elle nous fournira sur l'épreuve photographique ; au contraire, une robe bleue ou violette nous semblera bien plus lumineuse sur l'épreuve que dans la nature.

Les matières colorantes les plus employées pour rendre les glaces sensibles aux rayons jaunes, rouges et verts, sont l'éosine, la cyanine, l'erythrosine, l'azaline ; toutes les plaques du commerce peuvent subir ce traitement, mais il est bon de savoir que les plaques ainsi préparées, sauf celles à l'azaline, ne se conservent que quelques jours. Ces dernières exigent malheureusement un temps de pose triple du temps de pose ordinaire.

Lorsqu'on se propose de reproduire des tableaux aux couleurs vives, il est indispensable de recourir aux glaces isochromatiques et si l'on n'en a pas sous la main, il faut

savoir les préparer. Nous donnons ici une bonne formule
de MM. Mallmann et Scolick : On laisse tremper la glace
dans une solution aqueuse d'ammoniaque à 1 0/0, pendant deux minutes, puis on la plonge pendant une minute
environ dans :

Eau	175 cc.
Ammoniaque	4 cc.
Solution d'érythrosine, à 1 0/0. . .	25 cc.

Égoutter, laisser sécher et exposer. La meilleure lumière
pour la reproduction des tableaux est celle du pétrole.

Je reviendrai d'ailleurs sur ce point, en parlant des reproductions de dessins et de tableaux.

Clichés pelliculaires.

Le poids des verres sur lesquels est étendue l'émulsion,
leur fragilité sont de sérieux inconvénients auxquels on a
depuis longtemps cherché à porter remède par l'emploi de
supports flexibles permanents et transparents, ou tempo-
raires et opaques.

Les plaques souples de Balagny appartiennent à la
première catégorie, c'est-à-dire qu'elles constituent à la
fois la couche sensible et son support transparent.

Le papier Eatsmann également s'emploie comme cliché,
après avoir été, si besoin est, rendu plus transparent par
une application de vaseline, mais sa principale qualité est
sans contredit de se présenter sous forme de rouleaux qui,
montés dans un châssis spécial, peuvent se dérouler à
volonté et donner ainsi des séries de vingt-quatre ou quarante-
huit épreuves réunies sous le plus petit volume possible ;
l'on peut donc dire que ce mode de préparation représente,
un des plus grands progrès de la photographie et surtout de

la photographie instantanée. Le changement des glaces est en effet la principale difficulté qui se dresse devant le constructeur, dès qu'il essaie de faire un appareil vraiment portatif et l'emploi des couches sensibles en rouleaux en est la seule solution pratique. Un simple mouvement de rotation suffit alors pour enrouler le cliché insolé sur le rouleau de réserve et faire venir à sa place une nouvelle portion de papier qui recevra l'impression lumineuse. Tout récemment enfin la compagnie Eatsmann a mis dans le commerce un papier (*film paper*) dont la couche sensible insoluble dans l'eau chaude se développe sur un support puis se détache ensuite de celui-ci par un lavage à l'eau à 70° pour être collée sur une feuille transparente de gélatine.

Enfin les cartons pelliculaires Thiébault sont des couches sensibles étendues sur du carton qui en constitue le support temporaire et doit en être séparé après le développement du cliché.

Toutes ces couches sont fort bien préparées, donnent des résultats aussi parfaits que les glaces et sont certainement appelées à les détrôner un jour. Elles n'ont que l'inconvénient d'exiger (sauf les cartons pelliculaires Thiébault), un dispositif spécial du châssis destiné à les contenir, afin de leur donner une planimétrie suffisante. Je renvoie donc le lecteur à la partie de ce livre qui traite du matériel photographique ; il y trouvera la description du tendeur indispensable à l'emploi des pellicules.

Les clichés pelliculaires ont encore un avantage, c'est de pouvoir imprimer l'image droite ou renversée à volonté et d'éviter ainsi le retournement des clichés, lorsque l'on s'occupe d'impressions aux encres grasses.

Préparation des plaques destinées à donner des clichés retournés.

L'image imprimée sur le cliché étant renversée, ainsi qu'elle se voit sur le verre dépoli, donne à l'impression directe des positifs redressés. Tel est, par exemple, le cas des épreuves aux sels d'argent, de platine ; mais lorsque le cliché doit servir à donner une planche sur laquelle on tirera des épreuves définitives, la planche étant redressée, les épreuves seront de nouveau renversées. Il faudrait pour que l'épreuve fût droite, imprimer la planche en y déposant le cliché par le côté verre ; la couche sensible imprimée se trouve alors séparée de la couche imprimante par toute l'épaisseur du verre, ce qui produit un *flou* général de l'épreuve. Il faut donc supprimer le verre du cliché, le transformer, en un mot, en cliché pelliculaire. Ceci ne peut s'obtenir qu'avec des plaques préparées pour cet usage et dont la couche sensible soit assez peu adhérente à son substratum pour pouvoir en être détachée facilement.

Pour préparer les plaques destinées à donner plus tard des clichés pelliculaires, on prend des glaces bien nettoyées et on les frotte circulairement avec un tampon de linge renfermant du talc. On les collodionne ensuite avec un collodion très fluide et on les plonge dans l'eau. Les glaces doivent y séjourner jusqu'à ce que leur surface ne paraisse plus huileuse et qu'elle laisse couler facilement l'eau en nappe. On les laisse alors sécher et elles sont prêtes à recevoir l'émulsion qui s'étend comme sur des glaces ordinaires.

Les opérations ultérieures feront suite au chapitre du développement, car elles ont lieu après l'exposition des glaces et leur fixage. J'indiquerai en même temps le moyen d'obtenir un négatif direct et redressé d'un autre négatif.

DEUXIÈME PARTIE

LE MATÉRIEL

Appareil photographique.

L'appareil photographique se compose de l'objectif, de la chambre noire avec ses châssis et son pied de campagne, et enfin de l'obturateur. C'est la partie la plus importante, la plus coûteuse du matériel et celle pour laquelle il vaut mieux sacrifier tout de suite une certaine somme. Un bon appareil permettant seul de faire de bonnes photographies et durant beaucoup plus longtemps, il y a économie à le payer cher. Le format le plus commode est celui qui donne des clichés de 13 $\times$ 18 centimètres. Cette dimension est assez grande et en même temps l'appareil est d'un volume assez réduit pour se transporter facilement.

La plupart des constructeurs sérieux de Paris fournissent d'excellents instruments. aussi n'en nommerons-nous aucun. L'essentiel est que le lecteur connaisse les qualités à exiger d'un bon instrument photographique et se base sur cette connaissance pour choisir son constructeur.

De l'objectif.

La fabrication des objectifs s'est beaucoup améliorée en France depuis quelques années et il n'est plus nécessaire d'aller, comme autrefois, en Angleterre pour trouver un bon objectif et le payer un prix exorbitant. De plus, les constructeurs fabriquent maintenant des objectifs aplanétiques rectilignes qui s'emploient aussi bien pour les portraits que pour les paysages, possèdent une rapidité suffisante pour aborder l'instantané et servent ainsi aussi bien d'objectifs simples que d'objectifs doubles. Je conseille donc l'achat d'un de ces aplanétiques.

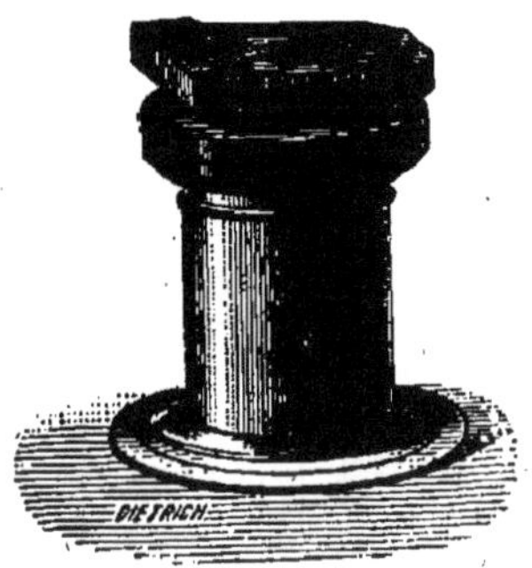

Fig. 9. Objectif aplanétique
avec sa trousse de diaphragmes.

Avant d'acheter un objectif, l'on doit s'assurer : 1o que les verres sont purs, exempts de stries, de bulles et incolores, ce qui se voit facilement en les examinant séparément sur une feuille de papier blanc; 2o qu'il est exempt de distorsion et donne sur toute la surface du verre dépoli une reproduction exacte des lignes droites; 3o qu'il n'a pas de foyer chimique, c'est-à-dire que l'image formée sur la glace est aussi nette que sur le verre dépoli. La plupart des constructeurs garantissent d'ailleurs leurs objectifs et il est facile de les essayer ou mieux de les faire essayer avant de les accepter définitivement.

L'objectif aplanétique dont je viens de parler a un foyer constant, c'est-à-dire qu'il donne toujours à la même distance,

sur le verre dépoli, une image nette des objets placés à plus
de trois cents mètres. Plus l'on se rapproche de l'objet,
plus le foyer augmente; de sorte qu'il arrive souvent que
pour les reproductions en grandeur nature, par exemple,
la longueur de la chambre noire ne permet pas un recul
suffisant du verre dépoli [1]. D'autre part, l'angle embrassé
par l'objectif est aussi constant et assez aigu, de telle sorte
que les reproductions dans un endroit resserré où le recul

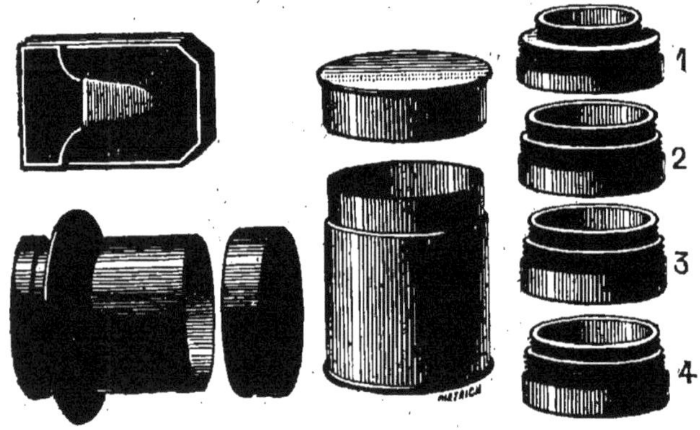

Fig. 10. Objectif à foyers variables avec ses lentilles de rechange,
ses diaphragmes et sa boîte.

de l'appareil est limité sont impossibles. Pour obvier
à ces inconvénients, l'on a imaginé de munir un même
objectif de plusieurs lentilles de rechange et l'on a désigné
ces combinaisons sous le nom de trousses aplanétiques.
Avec un de ces objectifs à deux lentilles de rechange,

1. On détermine pratiquement le foyer d'un objectif en mettant
au point un objet très éloigné, des nuages, par exemple, dévissant
les lentilles et mesurant avec une baguette passant par l'ouverture
du diaphragme, la distance qui existe entre le verre dépoli et l'ouverture de celui-ci.

l'une dite angulaire pour les portraits et l'autre aplanétique pour les paysages, l'opérateur se trouve muni d'un
instrument parfait et propre à tous les genres de travail.

Des diaphragmes. — Le diaphragme est une petite
plaque percée d'une ouverture centrale et que l'on place
entre les deux lentilles de l'objectif. Son but est en arrêtant
les rayons les plus extrêmes qui émanent de l'objet, d'augmenter la netteté de l'image sur le verre dépoli. Tout
objectif se vend avec une série de diaphragmes à ouvertures
variées. L'on doit toujours diaphragmer l'objectif au moment

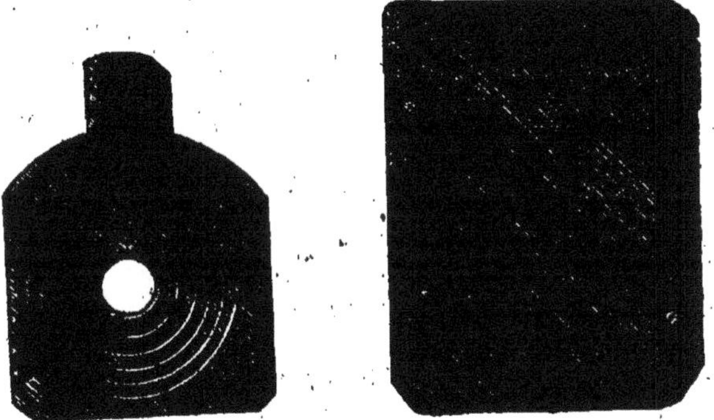

Fig. 11. Diaphragmes et trousse porte-diaphragmes.

de s'en servir, mais une considération doit guider dans
l'emploi de ces accessoires. C'est que plus l'ouverture du
diaphragme est petite, plus l'image est nette, mais moins
elle est éclairée, d'où nécessité d'employer des grands
diaphragmes dans tous les cas où la rapidité est de rigueur,
et, au contraire, des petits diaphragmes dans ceux où l'on
peut sans inconvénient sacrifier la rapidité à la netteté pour
une reproduction de dessin, de tableau ou de toute autre
chose inanimée.

Un bon objectif doit donner sur la glace dépolie un champ bien éclairé avec reproduction exacte des lignes droites, même avec son plus grand diaphragme.

Enfin, il est bon de se rappeler que la rapidité de l'objectif diminue en raison inverse du carré de l'ouverture du diaphragme exprimée en fonctions du foyer absolu.

Chambre noire.

Après l'objectif photographique, la chambre noire est l'instrument le plus important de l'opérateur, celui dans le

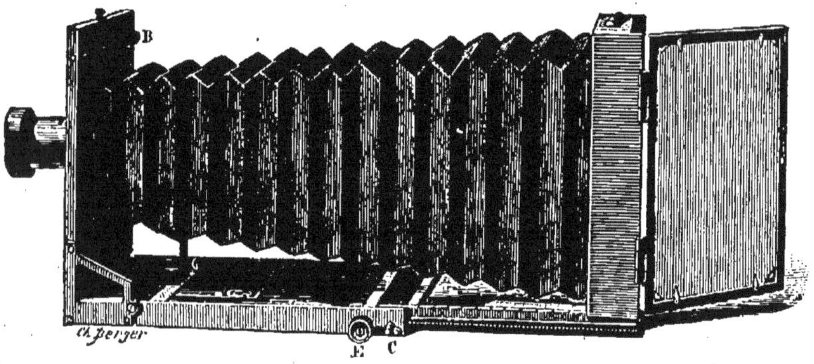

Fig. 12. Chambre noire en métal, ouverte.

choix duquel on ne saurait être trop difficile. L'on n'emploie plus guère aujourd'hui que des chambres noires à soufflet tournant et base pliante, qui ont l'avantage d'être à la fois très légères et très peu encombrantes. Nous engageons vivement le débutant à se munir d'une bonne chambre 13×18 de ce genre. Il choisira de préférence une chambre à base rentrante, c'est-à-dire une chambre pouvant se développer suffisamment pour donner, avec le rectilinéaire des images assez grandes des objets rapprochés. Son atten-

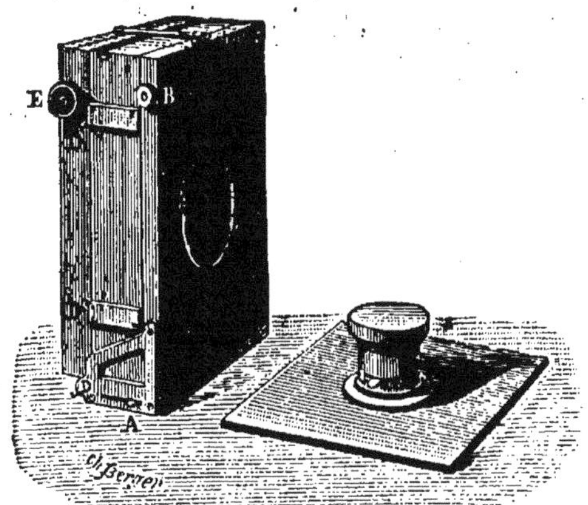

Fig. 13. La même, complétement fermée.

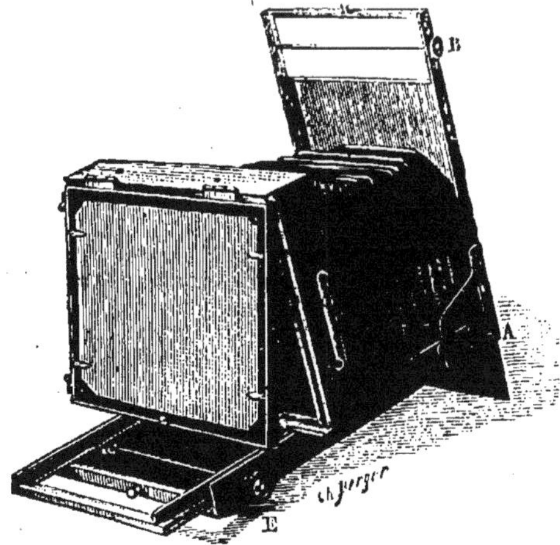

Fig. 14. La même, à demi-dépliée pour faire voir le mécanisme
de la base.

tion devra porter surtout sur les différents mouvements du

châssis porte-glaces, qui devront se faire doucement, sans
à coups, sur le jointage des pièces, qui devra être, absolument parfait et consolidé par des pièces de cuivre, enfin

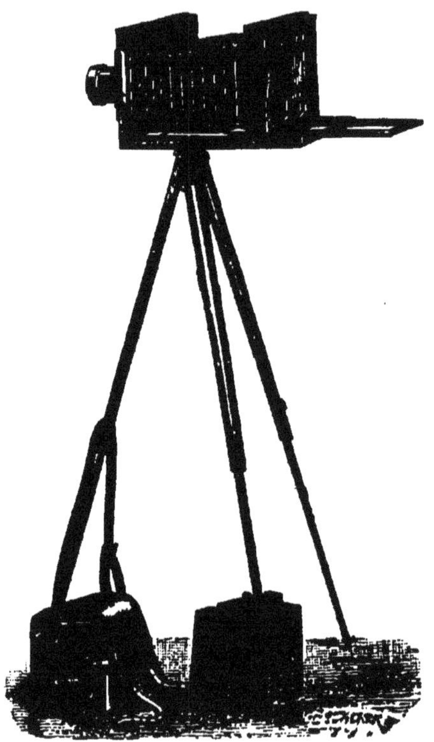

Fig. 15 montrant l'ensemble de l'appareil photographique
prêt à fonctionner.

sur le mouvement du verre dépoli et des châssis dans leur
rainure.

L'on a, depuis quelques années, une tendance à substituer
le métal au bois dans la construction des chambres noires

Cette innovation est appelée à un grand succès et il est probable que les chambres métalliques, au moins celles de petite dimension (13 × 18 et 9 × 12), remplaceront les chambres en bois. Leur principal avantage est d'abord une précision absolue de mouvements, si elles sont consciencieusement faites et surtout une résistance complète aux influences hygrométriques. Or, il faut avoir travaillé dans un pays chaud et avoir voyagé avec son appareil, pour se rendre compte des ennuis que causent ces changements hygrométriques. A un moment donné, votre appareil gonflé ne fonctionne plus, rien ne glisse, les rainures sont devenues trop étroites. Vous le transportez dans un lieu sec, la colle qui joint les pièces a pénétré dans le bois avec l'humidité ; les pièces se disjoignent, tombent pêle-mêle et se contractent au point que toute précision de mouvements devient impossible. C'est dire que la chambre en métal nickelé présente, dans ce cas, de sérieux avantages sur la chambre en bois.

C'est pour réaliser ce desideratum que M. Conti a construit sa chambre en métal, qui est non seulement un appareil solide et léger, mais en même temps un appareil de précision. Aussi peut-on le recommander sans hésitation à ceux qui se plaisent à posséder de bons instruments.

Cette chambre se construit en 13 × 18 et en plaque normale, sur le type soufflet tournant et base pliante et rentrante, que nous avons recommandé. Son tirage s'effectue au moyen d'un soufflet en peau et peut aller jusqu'à 50 centimètres de long, pour la chambre 13 × 18, condition indispensable pour les reproductions d'objets très rapprochés. Tout l'appareil, sauf quelques pièces accessoires, est en cuivre nickelé ; la partie antérieure, porte-objectif en métal, possède grâce à ses deux équerres latérales, une rigidité et une rectitude que l'on trouve rarement chez les chambres noires en bois ayant quelque peu servi. Enfin la partie la plus

intéressante de l'appareil, la base, possède un système de
mise au point rapide par mouvement de glissement et lent
par crémaillères, qui assure une précision mathématique à
ce temps si important de l'opération.

Les châssis métalliques sont munis de volets à rideau.
Avec une telle chambre noire et un bon obturateur, la photographie instantanée s'effectue dans les meilleures conditions possibles.

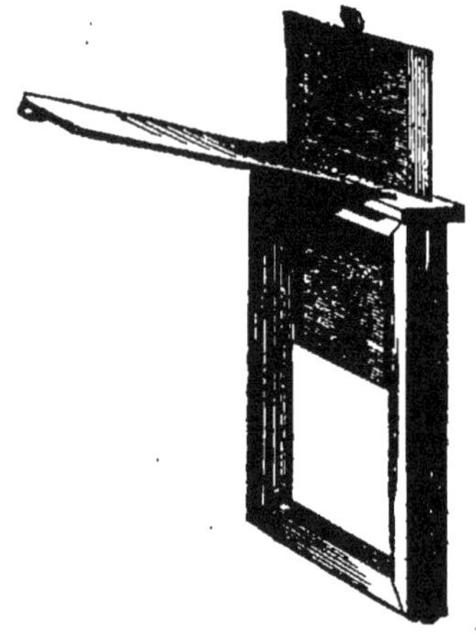
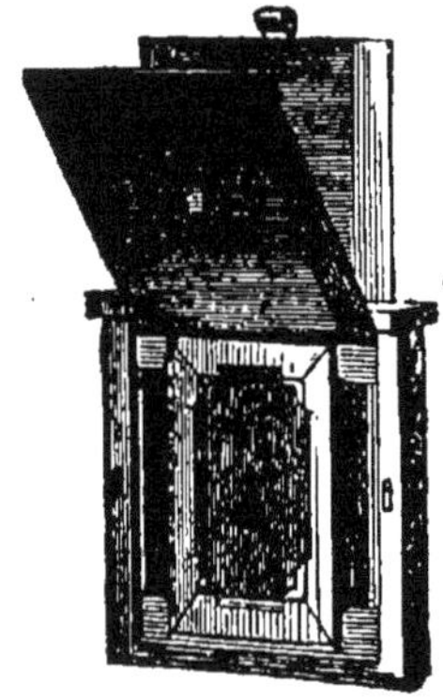

Fig. 16. Châssis porte-glaces pour
chambre rectangulaire.

Fig. 17. Châssis porte-
glaces carré avec diminutif.

Ces chambres métalliques sont beaucoup plus légères
qu'on ne serait tenté de le croire à première vue. Elles
s'adaptent à n'importe quel pied et se manœuvrent aussi
facilement que les autres. Mais leur principal avantage, c'est
la précision et la solidité.

Il y a bien évidemment des précautions à prendre dans
leur maniement ; là, où un appareil en bois se cassera et ne
demandera qu'un peu de colle pour être réparé, elles pourront
se fausser et demander alors une visite chez le fabricant, ·

mais tous les appareils de précision sont dans ce cas et leurs qualités sont souvent en raison directe de leur fragilité.

Un autre point sur lequel on doit beaucoup insister, c'est sur la construction parfaite des châssis-porte-glaces. Ils doivent fermer assez bien pour qu'une glace très sensible ne soit nullement affectée, même si on les expose en plein soleil.

Des accessoires nécessaires pour l'emploi des pellicules.

Dans le chapitre précédent, j'ai insisté sur les avantages que présentent les pellicules ou les papiers pelliculaires employés à la place des glaces et j'ai dit que leur emploi nécessitait, à l'exception des cartons pelliculaires Thiébault, qui sont assez rigides, un dispositif spécial.

Si l'on travaille dans le laboratoire, on peut à la rigueur se dispenser de tout accessoire; il suffit de mouiller une glace avec de la glycérine et d'y appliquer la pellicule, en ayant soin de chasser les bulles d'air, en même temps que l'excès de liquide. On expose cette glace dans un châssis ordinaire, mais pour profiter réellement des avantages des pellicules, il faut avoir recours soit aux *stirators* ou *tendeurs*, soit aux portefeuilles de carton, avec châssis spécial, soit enfin si la couche sensible est en rouleaux continus (Eastmann), au châssis porte-rouleaux.

Le stirator est une plaque mince d'acier ajourée, munie sur son pourtour de petites pointes. Cette plaque d'acier est susceptible de rapprocher ses côtés, de se rapetisser lorsque son centre est attiré hors de son plan normal; si, à ce moment, on la presse contre une feuille de même dimension qu'elle, ses pointes pénètrent le long des bords de cette feuille et alors si on laisse le centre revenir à son plan normal, les bords de la plaque d'acier s'écartent, entraînant avec eux la pellicule qui se trouve parfaitement tendue.

Une plaque ainsi munie de sa pellicule, s'emploie comme une glace ordinaire et il faut en avoir autant de semblables que l'on a de clichés à faire dans une excursion, six ou huit, par exemple.

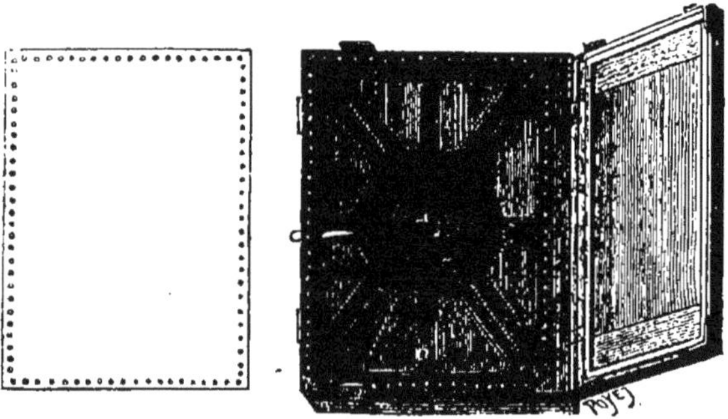

Fig. 18. Stirator Londe-Dessoudeix pour l'emploi des pellicules.

Nous donnons ici la figure du stirator de Dessoudeix, avec la boîte qui sert à placer la pellicule.

Mentionnons également le stirator Eastmann qui sert à tendre le papier sensible pour le placer dans les châssis à glaces. Il se compose d'une planchette mince et d'un cadre très léger en fer s'adaptant à cette planchette. Le papier se trouve maintenu et suffisamment tendu par la pression

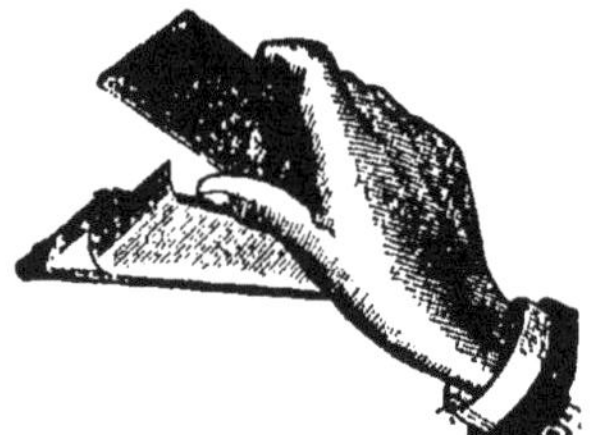

Fig. 19. Stirator Eastmann pour l'emploi du papier sensible.

qu'exercent sur lui les bords du cadre.

Le système des portefeuilles est basé sur l'emploi d'un châssis spécial, dans lequel on peut introduire successivement autant de pellicules que l'on a de portefeuilles et les en retirer après l'exposition.

Châssis à rouleaux Eastmann [1].

Le dispositif le plus commode pour l'emploi des surfaces sensibles étendues sur papier est sans contredit le châssis à rouleaux Eatsmann. La compagnie Eastmann fabrique en

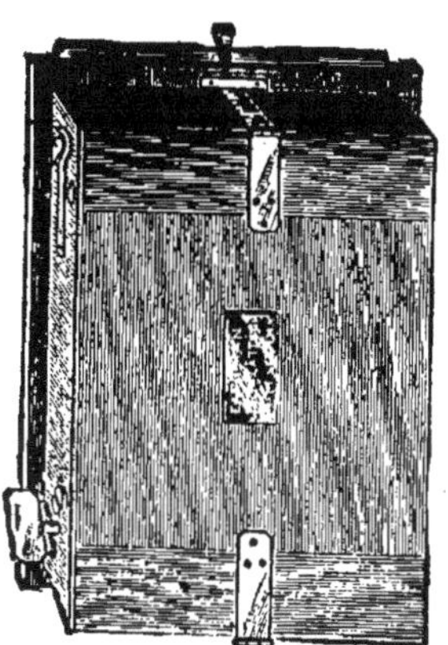

Fig. 20. Châssis à rouleaux Eastmann fermé.

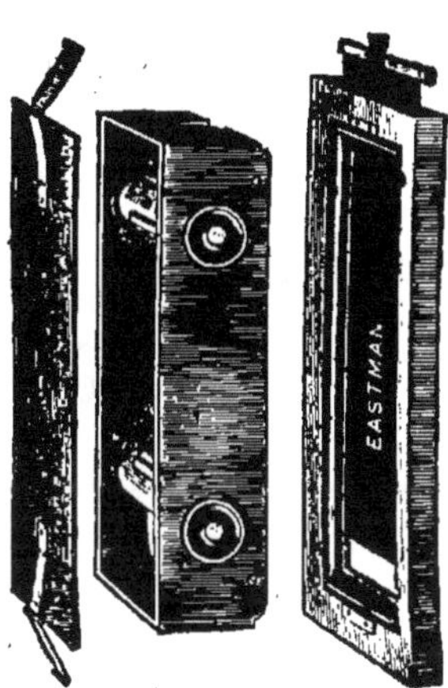

Fig 21. Le même ouvert.

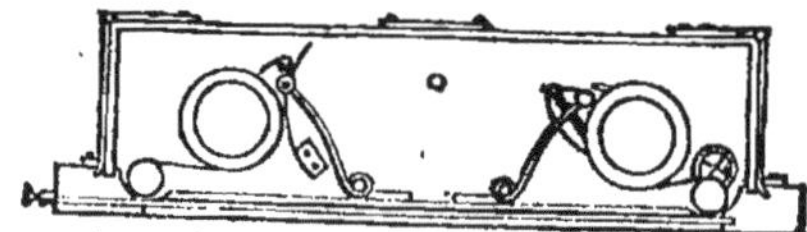

Fig. 22. Coupe du châssis pour montrer la disposition des rouleaux.

effet et vend [1] un papier spécial sensibilisé en longues bandes qui peuvent fournir jusqu'à 48 clichés continus. Ces bandes de papier enroulées sur des cylindres de bois

1. Dépôt aux ateliers Nadar, rue d'Anjou.

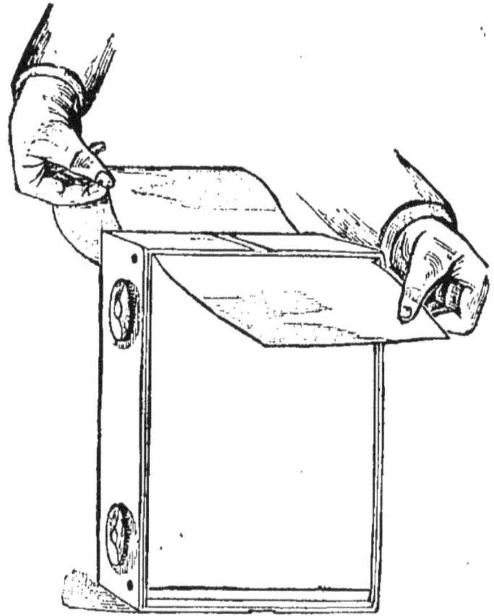

Fig. 23.

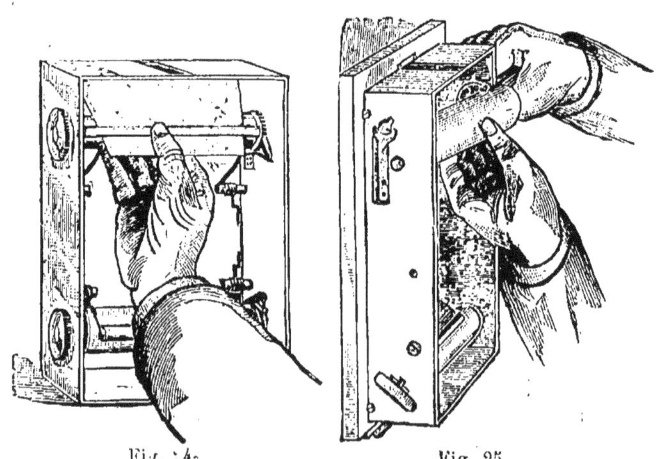

Fig. 24.   Fig. 25.

Montrant les différentes phases de l'introduction du papier.

s'adaptent à un châssis spécial qui s'emploie comme les châssis à glace ordinaire.

La fig. (20) représente le châssis vu de derrière et fermé.

La fig. (21) le même châssis ouvert pour montrer ses trois parties : le volet, la boite à rouleaux, la porte.

Le papier tout enroulé sur un cylindre est placé à la partie supérieure du châssis ; des ressorts le maintiennent et l'empêchent de se dérouler (fig. 23).

On l'attire alors et le faisant passer sur la planchette antérieure de l'appareil on le fixe au rouleau inférieur. Il suffit de tourner une clef extérieure à l'appareil pour en dérouler la longueur voulue. Des pointes fichées dans les rouleaux indiquent les points où l'on devra couper ensuite les bandes de papier pour le développement.

Du pied de campagne.

Il n'est pas nécessaire d'insister beaucoup sur cette partie de l'appareil. On se sert de pieds à coulisses, qui peuvent se réduire à un petit volume pour le transport. En général, les pieds de campagne sont toujours trop légers, surtout lorsqu'il fait un peu de vent, aussi est-il bon d'emporter avec soi, un bout de forte ficelle, afin de pouvoir, le cas échéant, suspendre à la clef centrale, entre les trois pieds de l'appareil, une grosse pierre pour en assurer la stabilité.

De l'obturateur.

Chacun peut, avec les glaces extra-rapides que nous livre maintenant le commerce, aborder l'instantané. Je dirai même mieux : un photographe soucieux de faire des épreuves artistiques et intéressantes doit faire de l'instantané. C'est le seul moyen de sortir de la voie banale et de s'élever un peu au-dessus du flot toujours croissant des photographies à la « ne bougeons plus », dans lesquelles la qualité cherchée est surtout la précision des détails, sans

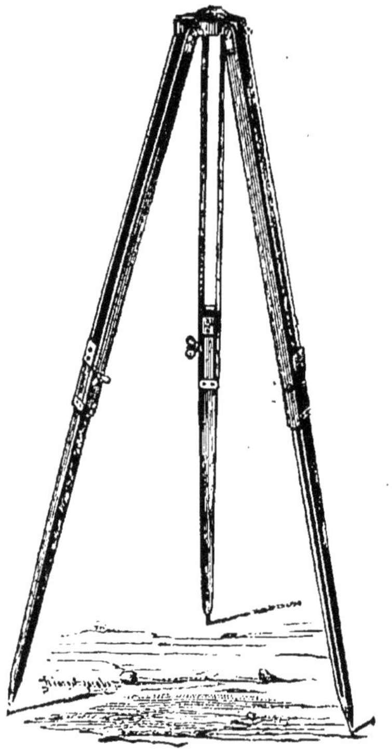

Fig. 26. Pied de campagne à tiges rentrantes.

souci d'effet artistique, sans trace d'idée et de composition. Il faut donc munir son objectif d'un obturateur instantané et ici se pose la question du choix raisonné de l'instrument.

L'obturateur est un appareil destiné à ouvrir et à fermer très rapidement l'objectif, de façon à ne laisser arriver les rayons lumineux de l'image sur le verre dépoli, que pen-

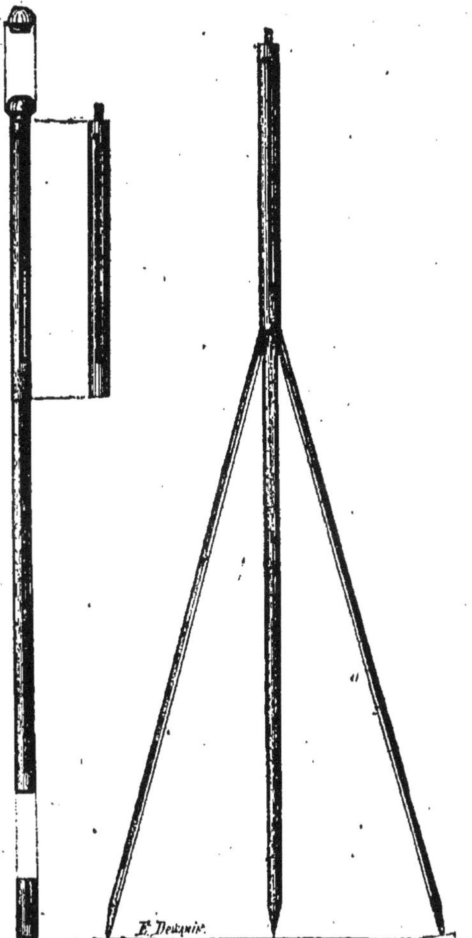

Fig. 26. Pied-canne pour appareils très légers.

dant une fraction de seconde. C'est donc, dans sa forme la
plus simple, une plaque de bois ou de métal placée devant

l'objectif et percée d'une ouverture. Cette plaque se mettant, à un moment donné, en mouvement, l'ouverture qu'elle porte vient passer devant celle de l'objectif et démasque alors celui-ci. L'impression de la glace a donc lieu pendant la coïncidence des deux ouvertures.

Quelle doit être la forme de cette ouverture et quelle doit être sa situation par rapport à l'objectif ?

L'on a beaucoup discuté sur la forme à donner à l'ouverture de l'obturateur. Les uns l'ont voulue carrée, les autres ronde, d'autres rectangulaire. Enfin, un autre système consiste à placer l'obturateur au centre optique de l'objectif contre le diaphragme et à lui donner la forme circulaire ou carrée rétractile, l'ouverture s'agrandissant ou se fermant de tous les côtés à la fois, à la façon de l'iris de l'œil, par exemple.

De ses intéressantes recherches sur l'instantanéité, M. Londe a conclu que la glace sensible ne commence à s'impressionner qu'au moment où l'objectif se trouve complètement démasqué ; il appelle ce moment le temps utile de l'obturation, par opposition au temps total, qui comprendrait, outre le temps utile, les deux phases extrêmes, pendant lesquelles l'objectif se trouve successivement couvert au quart, à la moitié et aux trois quarts, par l'un des côtés de l'ouverture. Et il conclut avec raison que la meilleure forme d'ouverture est celle qui donne le maximum de temps utile. Cette ouverture est l'ouverture rectangulaire. Supposons, en effet, l'obturateur percé d'une ouverture carrée inscrivant la circonférence de l'objectif, il est évident que le temps utile sera excessivement court, car le moindre déplacement de l'obturateur entraîne fatalement l'obturation d'un des segments de la circonférence. Il faut donc dans ce cas, ralentir le mouvement de l'obturateur pour obtenir un temps utile suffisant et alors surviennent des inconvénients que nous signalerons plus loin, sur l'éclairage

inégal de l'image. Si, au contraire, nous allongeons l'ouverture de l'obturateur et si nous en faisons un rectangle
plus ou moins long, le temps utile augmentera d'autant
plus que l'ouverture sera plus longue et nous pouvons même
le supposer infini, si cette ouverture est infiniment longue.

Supposons maintenant le mouvement de l'obturateur rectangulaire égal à celui de l'obturateur carré, le temps utile
du premier sera d'autant plus grand, par rapport à celui du
second, que l'ouverture rectangulaire sera plus allongée ;
si le rectangle comprend trois fois la longueur du carré, le
temps de pose sera trois fois plus long. Mais, augmentons
la vitesse de l'obturateur rectangulaire, il arrivera un
moment où le temps utile deviendra égal à celui de l'ouverture carrée, mais où les temps extrêmes d'obturation
décroîtront en raison directe de la vitesse. Or nous allons
voir que, pour assurer le bon fonctionnement d'un obturateur, il faut ramener au maximum de vitesse les temps
d'obturation et régler uniquement la durée du temps utile.
Ce résultat, qui s'obtient en allongeant le plus possible
l'ouverture rectangulaire, n'est limité en pratique que par
l'impossibilité d'augmenter outre mesure la vitesse, sans
ébranler l'appareil et en briser les ressorts.

M. Londe a imaginé et fait construire par M. Dessoudeix,
un obturateur dont la plaque est circulaire et percée d'une
ouverture en forme de secteur, limité par deux rayons et
deux lignes parallèles à la circonférence. Cette forme d'ouverture correspond en réalité à l'ouverture rectangulaire de
l'obturateur à guillotine, mais elle est la seule que l'on
puisse adopter pour un obturateur à disque, et ce genre
d'obturateur présente l'avantage d'être plus précis, plus
solide et moins encombrant que l'obturateur à guillotine.

La seconde question, qui nous reste à examiner, c'est la
place de l'obturateur par rapport à l'objectif. Disons tout
de suite qu'au point de vue de la formation de l'image,

cette position importe peu, si le temps utile prédomine sur les temps d'obturation. M. Londe a reconnu, en effet, que l'image apparaît inégalement sur le verre dépoli et que celui-ci commence à s'éclairer par le haut, par le bas, ou par le milieu, selon que l'obturateur est placé en avant, au milieu ou en arrière de l'objectif ; mais il a vu également que cette inégalité d'éclairage correspondait aux temps d'obturation et que l'impression lumineuse ne s'effectuait sur la glace que pendant le temps utile ; par conséquent ce qu'il importe de rechercher, c'est la position la plus commode en pratique. Il est clair que si l'on place l'obturateur en arrière de l'objectif, il fera mieux corps avec l'appareil, sera moins facile à ébranler et c'est la disposition que M. Londe a choisie pour son obturateur circulaire. D'autre part, l'obturateur simple à guillotine peut s'enlever et se déplacer à volonté, il est très peu coûteux et l'on pourra, si l'on s'en sert, le disposer à l'avant de l'objectif, sur le parasoleil.

Après cet exposé sommaire des principes de l'obturateur, il est temps de nous demander à quel système nous donnerons la préférence.

L'obturateur le plus simple est celui dit à guillotine (fig. 28) ; il se compose d'une boîte de bois très aplatie, ouverte à ses extrémités supérieure et inférieure et percée sur ses faces larges d'une ouverture égale à celle du parasoleil de l'objectif. Dans cette boîte glisse, sans frottement, une lame de bois percée d'une fenêtre rectangulaire et qui représente la lame obturatrice ; sur le côté de l'appareil, un cliquet mû par un déclancheur pneumatique, arrête la planchette en pénétrant dans un cran qu'elle porte sur le côté ou la laisse tomber au moment voulu. Au moment de la pose, on met la guillotine sur le parasoleil de l'objectif, on relève la planchette de façon à démasquer celui-ci, on met au point et, relevant la planchette jusqu'en haut de sa course pour obturer, on met le châssis à la place du verre dépoli. Pour poser au moment voulu, il suffit de presser sur la poire de caoutchouc.

Ce système est fort simple et donne pourtant de très bons résultats; la vitesse se règle assez bien au moyen d'anneaux de caoutchouc, que l'on fixe, d'une part, aux deux côtés de la boîte, d'autre part au sommet de la planchette. Son seul inconvénient est de ne pas donner la pose lente à volonté

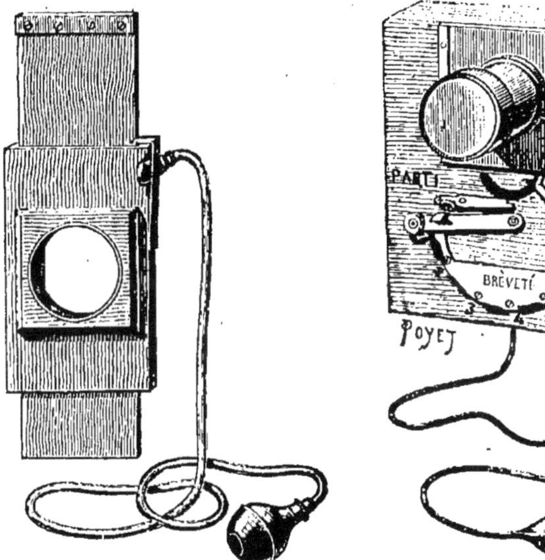
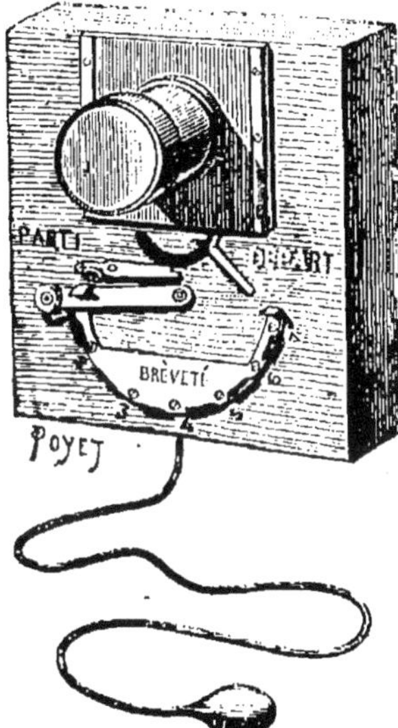

Fig. 28. Obturateur à guillotine et à déclanchement pneumatique.

Fig. 29. Obturateur Londe et Dessoudeix.

et de ne pas pouvoir se transporter avec l'appareil sans être démonté. Toutefois, j'engage ceux qui ne peuvent se procurer un obturateur Londe à se tenir à celui-ci; ils feront les poses lentes en débouchant l'objectif avec la main.

Je passe maintenant à la description sommaire de l'obturateur Londe, qui constitue un très bon instrument, précieux surtout quand on a à faire des instantanés d'enfants ou d'animaux, que le moindre mouvement de l'appareil effraie et fait bouger. Là, nul ne peut se douter du moment où s'est effectuée la pose et le modèle doit être averti par l'opérateur qu'il a posé.

L'appareil se compose d'une boîte, appliquée contre la planchette porte-objectif, cette boîte contient tout le mécanisme de l'obturateur y compris la lame obturatrice circulaire dont j'ai parlé plus haut, et c'est sur la boîte qu'est vissé l'objectif.

Les divers mouvements se commandent de l'extérieur au moyen de manettes très bien disposées et la pose peut s'effectuer instantanément ou à volonté au moyen de deux poires indépendantes. Pour mettre au point, il suffit de pousser la manette jusqu'à ce qu'elle arrive à la verticale et d'appuyer sur le bouton de la mise au point. L'objectif est alors démasqué; l'opération terminée, on pousse la manette au côté départ et l'instrument est prêt à fonctionner.

L'auteur n'a pas gradué son instrument en fractions de seconde, mais simplement en 7 vitesses différentes et suffisantes pour tous les cas. D'après lui, la vitesse maxima que l'on pourrait obtenir avec les obturateurs serait $1/115$ de seconde et les glaces sensibles seraient d'ailleurs incapables de donner une image, après une exposition moins prolongée. Nous verrons que, dans la pratique, on a rarement besoin de recourir à une telle instantanéité.

Appareils instantanés de poche à mise au point automatique.

Sous ce titre, l'on peut comprendre tous les appareils de petite dimension qui ont été imaginés pour prendre instantanément et sans éveiller l'attention des vues et des scènes qui se présentent inopinément. Ce sont les albums du photographe.

Il n'est pas besoin d'insister beaucoup pour faire comprendre tout l'intérêt qui s'attache à ce genre de travail. L'artiste a là entre ses mains une mine inépuisable d'études qu'il lui serait impossible de se procurer autrement et les modèles, ne se doutant même pas qu'on les photographie, sont pris avec une fidélité, avec un naturel de pose qui serait bien difficile à rendre par la plus rapide esquisse au crayon.

Pourtant il ne faut pas non plus trop se leurrer sur la commodité et sur les avantages de ces appareils. Il reste encore beaucoup à faire pour leur perfectionnement et il me semble que ce point est un des plus intéressants et des plus lucratifs que puissent aborder les constructeurs.

D'abord la mise au point étant automatique et *constante*, l'image n'est nette sur le verre dépoli, que si l'on se place à une certaine distance du modèle, à trois ou quatre mètres par exemple. Ensuite la visée est assez difficile et il arrive souvent que le cliché donne au développement, toute autre chose que ce que l'on croyait y rencontrer. Il faut un très bon éclairage, pour obtenir de bons clichés et si on lâche la détente par un temps sombre, c'est bien peine inutile. Enfin, les appareils ont encore trop, pour la plupart, la mine photographique : ils excitent la défiance. J'aimerais à les voir revêtir la forme d'un bon gros livre, un code, par exemple. Un monsieur qui se promène avec un code est incapable d'exciter la défiance et s'il porte son code à la hauteur de son œil, pour viser la scène qu'il va prendre impromptu, ce mouvement peut être interprété de mille façons, mais jamais comme le « maintenant ne bougeons plus » du photographe.

Le premier appareil qui, je crois, ait été fait dans ce genre, a été construit par M. Enjalbert, qui lui a donné la

forme d'un revolver! La visée, est en effet très commode
avec ce petit instrument, mais les inconvénients qu'entraîne
sa forme, peuvent n'être pas sans danger... pour l'opérateur.
Dernièrement, mieux inspiré, le même constructeur a construit un petit appareil 9×12, qu'il a nommé l'alpiniste,
et qui entre dans la voie que je viens d'indiquer, car une
fois ouvert, on peut l'enfermer, prêt à partir, dans une boîte
représentant un colis postal goudronné.

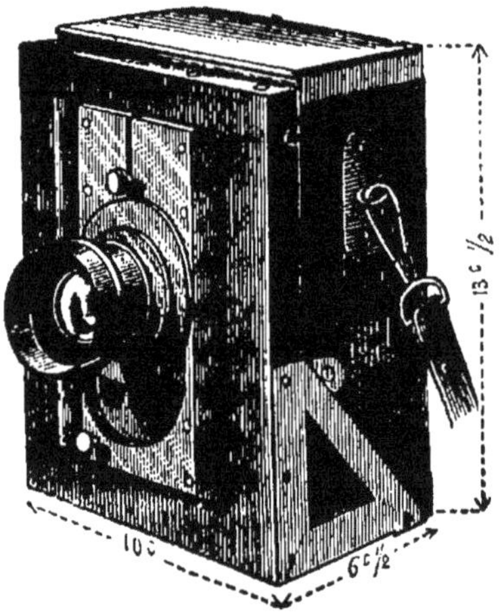

Fig. 30. Chambre noire alpiniste d'Enjalbert fermée.

L'objectif, aplanétique et à foyer constant, couvre la
plaque à toute ouverture et donne une netteté parfaite de
tous les plans, à partir et au delà de dix mètres. L'obturateur et les diaphragmes, dissimulés dans la planchette
porte-objectif, sont d'un maniement commode.

La partie la plus intéressante de l'appareil est la boîte à
glaces, à mise au point automatique. Toutes les glaces sont
mises d'avance dans la boîte et chacune d'elles est contenue
dans un petit cadre de tôle. Tous les cadres sont déposés

dans la boîte, qui est ouverte à sa partie supérieure et recouverte d'un sac en caoutchouc imperméable à la lumière et très flexible. Pour enlever la glace qui a posé et qui doit

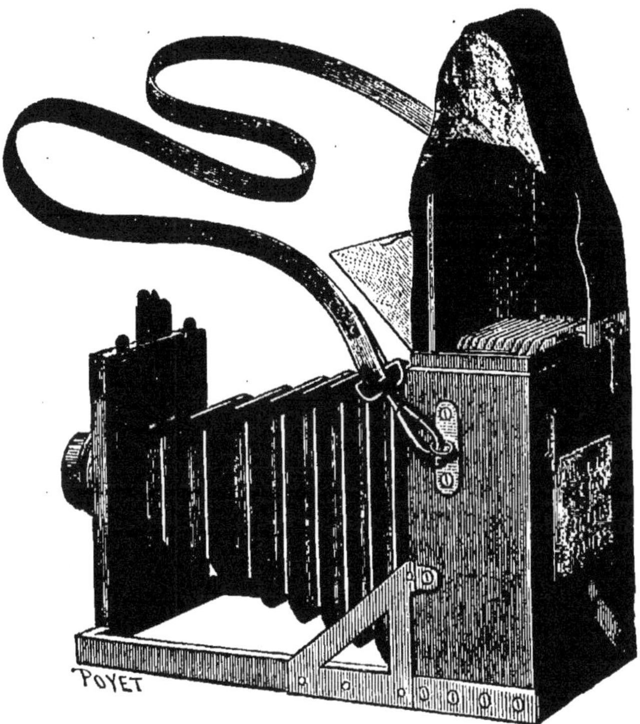

Fig. 31. La même prête à fonctionner.
Le sac en caoutchouc qui sert au changement des glaces a été figuré ouvert pour en faire mieux saisir la disposition.

devenir la dernière de la série, on la prend par l'extrémité du châssis de tôle à travers le sac de caoutchouc et on la met à la queue de la série, qui se trouve poussée tout entière vers le plan de mise au point par quatre ressorts intérieurs. Le dernier châssis porte une rainure qui permet de le reconnaître et de voir que, toutes les glaces ayant posé, il faut les remplacer.

Ce petit appareil, enveloppé dans sa gaine, a une mine honnête qui ne fait pas naître le soupçon. Le point faible est qu'il faut entr'ouvrir le sac à chaque changement de glace et laisser tomber le plan opposé pour photographier, et ce défaut tient à ce que le constructeur n'a pas osé abandonner résolument la forme photographique et donner à son appareil, comme parois propres, celle du sac lui-même.

Quoi qu'il en soit, il constitue un grand progrès.

Méthode d'agrandissement direct.

Cette méthode consiste à faire de très petits clichés de 7×7 ou 9×9 et à les agrandir ensuite au moyen d'un appareil à projection pour en obtenir directement, sur papier au gélatino-bromure, des positives d'une dimension bien supérieure à celle du cliché.

Les avantages de cette méthode sont assez nombreux pour qu'elle vaille la peine d'être sérieusement examinée. En premier lieu, le bagage photographique de campagne se trouve considérablement réduit, puisqu'au lieu d'appareils volumineux, l'on n'a plus à emporter qu'une chambre de dimensions fort exiguës et une provision de plaques, d'un poids proportionnel. Ensuite les objets étant pris de plus loin et donnant avec la glace dépolie une image plus petite, concentrent, par le fait même, plus de lumière sur la plaque sensible et l'instantanéité de la pose se trouve ainsi de beaucoup facilitée. Elle est, du reste, favorisée encore par ce fait que les objets, étant plus éloignés de l'objectif, se déplacent plus lentement sur le verre dépoli, de sorte que certaines choses, que l'on ne pourrait tenter de saisir

sur une plaque 13×18 à cause de leur vitesse, viendront
fort bien sur une plaque 9×9. Enfin, le nombre des
épreuves tirées par un amateur est, en général, assez réduit
pour qu'il ait avantage à remplacer les positives sur papier
albuminé par des positives sur papier au bromure d'argent,
dont il peut à volonté, par un simple mouvement de son
appareil d'agrandissement, augmenter ou diminuer les
dimensions. Il paraîtrait même résulter des observations
de certains expérimentateurs, que les épreuves tirées par
agrandissement, d'après de petits négatifs, posséderaient une
bien plus grande perspective.

Nous avons déjà parlé, à propos des appareils photographiques de poche, de « l'alpiniste » de M. Enjalbert, qui
donne de bons clichés, à partir de dix mètres de distance ;
il nous semble pourtant que si l'on adoptait d'une façon
complète le procédé des petits négatifs agrandis, il vaudrait
mieux avoir une petite chambre noire, dans laquelle la mise
au point pût se faire à volonté et pour toutes distances. Il
ne serait pas difficile d'ailleurs, de fondre les deux appareils
dans un seul et de faire, sous une forme dissimulée, un
appareil à mise au point variable ou automatique, à volonté.
Cet appareil pourrait se manœuvrer à la main ou se placer
à volonté sur un pied très léger, quand il s'agirait de faire
une mise au point un peu longue ou un instantané avec
repère. Ce desideratum reste encore du reste à combler.

Ce n'est pas qu'il ne se trouve point, dans le commerce,
de petites chambres noires destinées à donner des clichés
instantanés de faible dimension. Chaque constructeur a la
sienne.

L'*academy camera*, par exemple, est une chambre noire
double, avec boîte à escamoter, pour douze glaces. La mise
au point et la pose peuvent se faire simultanément.

La chambre miniature en métal de M. Marion, qui
donne des épreuves de 5×5 et mesure 15 centimètres de

long, est également très bonne ; mais 1° l'obturateur est à guillotine et constitue une gêne très sérieuse ; 2° les châssis sont séparés de l'appareil. Quoi qu'il en soit, c'est un bon petit instrument, que l'on peut recommander aux partisans de l'agrandissement.

Nous devons citer également, comme un appareil original, la chambre de poche 9 × 12 de M. Vavasseur ; c'est

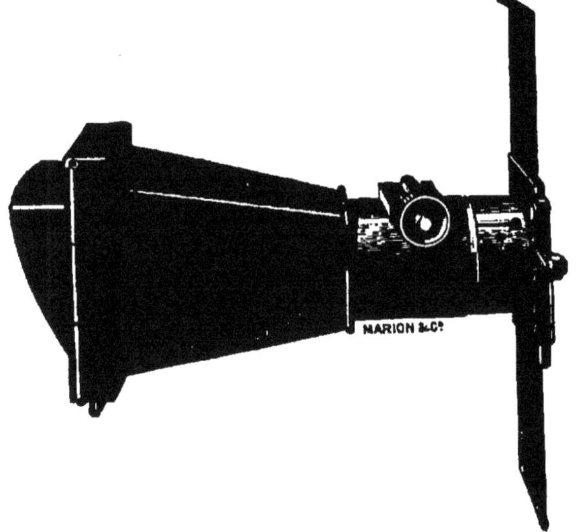

Fig. 32. Chambre noire Marion pour petites épreuves instantanées.

presque une vraie chambre et cependant elle atteint une légèreté qu'il serait difficile de dépasser, étant donné la grande dimension des glaces qu'elle supporte.

Les figures que nous donnons de ces instruments nous permettent d'en passer la description sous silence. Tous, je le répète, sont faits dans un seul but, dans une seule recherche, celle de la légèreté. Il est évident, que c'est là une qualité, mais justement, dès qu'on accepte le principe

des petites chambres noires, il me semble que l'on pourrait
bien sacrifier un peu de cette légèreté tant vantée, au
profit des autres avantages.

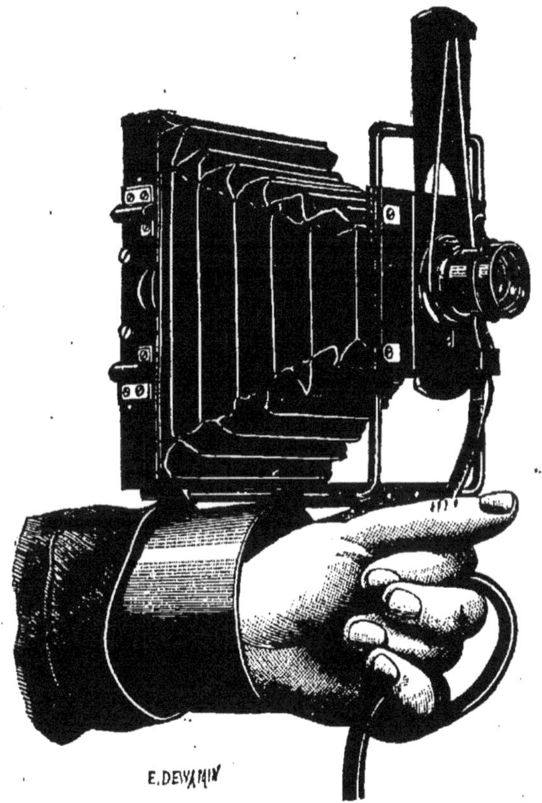

Fig. 33. Chambre noire Vavasseur pour instantané.

Partisan de l'agrandissement direct des négatifs en
positifs, je considère cette méthode comme devant être la
seule employée lorsque l'on aura trouvé un dispositif convenable, la chambre noire idéale, de petit format, d'appa-

rence banale, à mise au point automatique ou facultative et à changement de glace également automatique avec obturateur circulaire, dissimulé derrière l'objectif. Pour le moment, je conseille au débutant, l'emploi des clichés directs et l'achat d'une bonne chambre noire de format 13 ×18. Rien ne l'empêchera, s'il veut faire des agrandissements, d'opérer sur de petits clichés, qu'il placera dans ses châssis au moyen d'intermédiaires, mais au moins aura-t-il un instrument de travail propre à tous les genres.

Les petits clichés, développés de préférence par la méthode au fer, sont placés dans la lanterne à projection et l'on en reçoit l'image sur un écran où se fait la mise au point, écran que l'on remplace, au moment de la pose, par une feuille de papier bromuré. Mais ceci entre dans le domaine de la photographie positive et sera, par conséquent, traité dans la quatrième partie de ce volume.

Express détectiv Nadar.

Sous ce nom, M. Paul Nadar a construit une chambre noire 9×12 pour vues instantanées qui nous paraît se rapprocher le plus de la perfection exigée par ce genre d'appareils et c'est pour cette raison que nous lui consacrons un chapitre spécial.

Ce qui caractérise l'express détectiv Nadar c'est que cet instrument est à la fois une chambre à foyer constant et, par une simple modification, un appareil à mise au point facultative.

Il se compose d'une boîte rectangulaire (fig. 34) à tiroir, portant à sa partie antérieure un objectif dissimulé derrière la paroi de cette boîte et, à sa partie postérieure, une rainure dans laquelle peuvent s'adapter suivant les besoins un verre dépoli, un châssis à glaces ou un châssis à rouleaux Eastmann.

Une aiguille G placée sur l'appareil indique le tirage à donner au tiroir pour reproduire les objets à moins de douze mètres. A partir de cette distance l'objectif donne une image nette des objets.

Deux petites chambres noires supplémentaires F logées dans la boîte et reflétant l'image des objets à la surface de

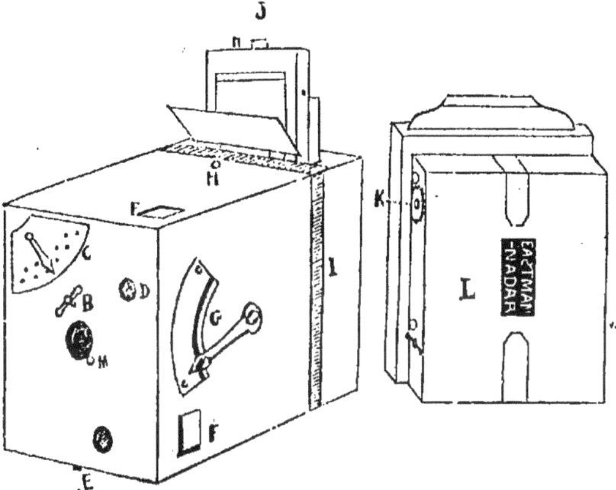

Fig. 34. Express detectiv Nadar.

verres dépolis forment deux viseurs très commodes qui permettent à l'opérateur de suivre une personne ou un objet en mouvement et de lâcher l'obturateur au moment voulu. Cette disposition des viseurs permet de photographier le modèle sans éveiller le moins du monde son attention.

L'obturateur, placé dans l'épaisseur de la paroi antérieure de la boîte, est à vitesses variables ; enfin l'objectif permet des poses excessivement rapides.

L'express détectiv se tient à la main, enfermé dans une gaine en cuir et se manœuvre très commodément dans son

.étui même grâce à des ouvertures percées dans cette gaine
et permettant le mouvement des différentes pièces. Muni

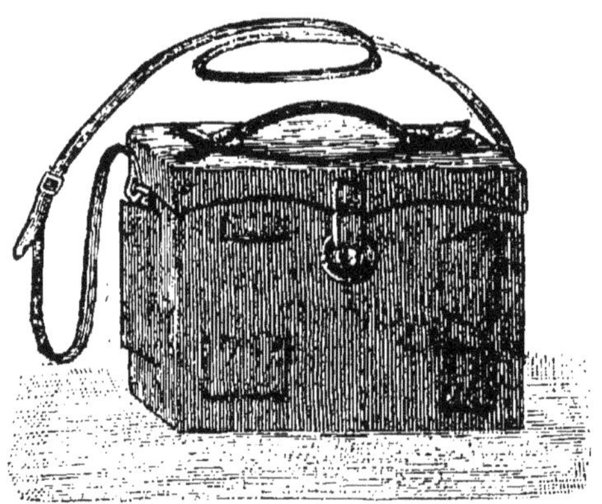

Fig. 35. L'appareil dans sa gaine.

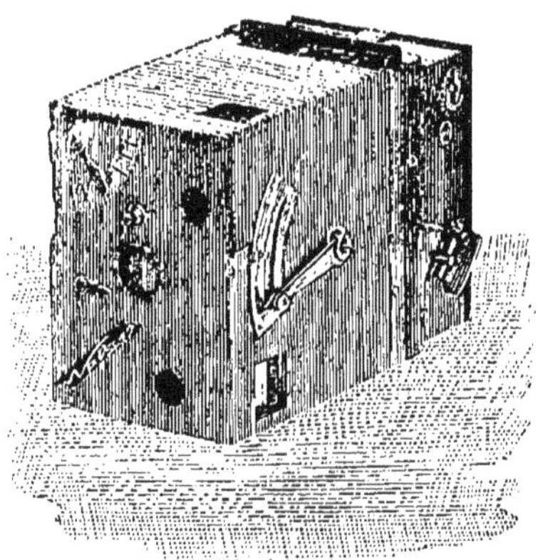

Fig. 36. L'appareil hors de sa gaine.

d'un châssis à rouleaux Eastmann (voy. p. 28) il peut servir, sans autre manipulation que celle de tourner un bouton
et d'armer l'obturateur, à faire jusqu'à 48 poses successives.

L'on peut aussi s'en servir comme d'un appareil ordinaire et alors il s'adapte à un trépied léger comme une chambre ordinaire. On enlève le châssis, on met le verre dépoli et la mise au point s'effectue comme d'habitude. J'ai vu des centaines d'épreuves obtenues avec cet appareil ; chacun d'ailleurs a pu les admirer aux magnifiques ateliers de M. Nadar et je n'hésite pas à déclarer que, sauf quelques légers points de détail, qui seront d'ailleurs corrigés par l'inventeur, cet appareil constitue vraiment la chambre noire par excellence du touriste voyageur.

Matériel accessoire.

Indépendamment de l'appareil photographique proprement dit, l'opérateur doit encore se munir de quelques instruments indispensables pour les manipulations qui suivront l'exposition des plaques dans la chambre noire.

Dans le chapitre concernant le laboratoire, j'ai indiqué sommairement quels étaient ces instruments ; je n'aurai, du reste, que peu de choses à dire à leur sujet.

Cuvettes. — Les cuvettes doivent avoir à peu près la dimension des glaces dont on se sert ou être d'un centimètre plus grandes de chaque côté. On en fait en porcelaine, en carton durci, en verre moulé, verre et bois, etc. Les cuvettes en porcelaine sont les plus propres et les meilleures. Il faut en avoir une ou deux pour développer les plaques ; elles ne serviront qu'à cet usage. Pour le bain d'hyposulfite, on se servira d'une cuvette en carton durci marqué d'une croix de couleur et qui ne servira également qu'à l'hyposulfite.

Lorsque l'on fait usage des pellicules souples Balagny, il est commode de les développer dans une cuvette à fond de verre et à recouvrement. La cuvette à recouvrement possède à sa partie supérieure un couvercle qui forme une sorte de réservoir dans lequel s'accumule le liquide quand on relève la cuvette verticalement. L'on peut ainsi suivre commodément la marche du cliché dans le développateur en relevant la cuvette et examinant par transparence devant la lanterne, la pellicule appliquée contre le fond de verre de la cuvette.

Toutes les cuvettes doivent être rigoureusement propres avant les opérations et il faut s'habituer à les laver dès qu'on s'en est servi.

J'ai déjà parlé du crochet à glaces qui sert à les sortir du développateur, ainsi que de la lanterne à verres rouges ; je n'y reviens donc pas ici.

La cuve en zinc à rainures est également indispensable pour le lavage des clichés, si l'on en a plus de un ou deux à laver à la fois. Nous savons, en effet, que ce point est très important et que de sa stricte observation dépend la conservation extérieure des clichés après le développement et le fixage.

TROISIÈME PARTIE

PRATIQUE PHOTOGRAPHIQUE

Exposition des plaques.

La question qui embarrasse le plus le débutant armé pour la photographie est celle du temps de pose. Combien de temps faut-il poser ? J'ai dit en commençant ce livre que les sensitomètres et tous les autres instruments pour mesurer la puissance actinique de la lumière étaient inutiles en pratique. Comment faire alors pour apprécier le temps nécessaire à la pose de tel ou tel objet ? Cela dépend de plusieurs choses : 1° la sensibilité des plaques ; 2° la rapidité de l'objectif; 3° le diamètre du diaphragme; 4° l'éclairage de l'objet.

En général, avec les plaques du commerce à rapidité ordinaire, les plaques Lumière étiquette jaune, par exemple, on peut prendre comme unité de pose la seconde. Si l'on photographie un paysage bien éclairé par un ciel couvert de nuages blancs, on posera deux secondes avec un diaphragme moyen. Il est facile de partir de ce principe pour calculer tous les autres temps de pose en jugeant simplement à l'œil l'activité lumineuse. Étant donné que le cliché est bien venu avec la pose de deux secondes par temps couvert, le même paysage éclairé par le soleil demandera une seconde, toujours avec le même diaphragme.

Par conséquent, en règle générale : *Essayer, avant de partir pour une excursion, ses plaques dans une condition quelconque déterminée et déduire empiriquement le temps de pose pour toutes les autres conditions en l'augmentant ou en le diminuant.* Tous les opérateurs agissent ainsi et l'œil s'habitue très vite à juger de la puissance lumineuse des objets à reproduire.

Le tableau suivant que nous empruntons à l'excellent *Aide-Mémoire pour la photographie de* 1887, de M. C. Fabre, donnera au lecteur une idée des proportions *relatives* du temps de pose dans les différents cas où il pourra se trouver. Je dis relatives, car les chiffres exprimés sur ce tableau ne sont pas des valeurs absolues. Ils ne représentent ni des secondes, ni des minutes, ils sont là simplement pour exprimer la relation entre les temps de pose. Je suppose, par exemple, que nous ayons observé qu'avec nos glaces il nous fallait, pour une vue de glacier, $0'',1 = 1$ dixième de seconde de pose au soleil, le tableau nous enseigne qu'avec les mêmes glaces, le même objectif et le même diaphragme, il faudra $0'',2$ par un temps couvert et $0'',6$ par un temps gris et sombre. Il nous enseigne également qu'il faut 300 fois plus pour un intérieur gris et sombre, etc.

SUJETS	SOLEIL		LUMIÈRE DIFFUSE		TEMPS gris et sombre
	journée	matin et soir	journée	matin et soir	
Vues de glaciers. . . .	1	2	2	4	6
Vues marines	1	2	2	4	6
Gde vue panoramique en niveau de la mer .	2	4	4	8	12
Vues panoramiqnes avec verdure	3	6	6	12	18
Vues avec 1ers plans bien éclairés et monuments blancs.	4	8	8	16	24
Paysages avec 1ers plans et monuments dans l'ombre •	6	12	10	24	40
Portraits, groupes en plein air.	8	16	16	32	50
Portraits, groupes dans une chambre ordinre.	20	40	40	50	70
Paysages sous bois. . .	30	60	60	100	150
Intérieurs	50	100	100	200	300

Dans ce tableau la journée photographique est comprise de neuf heures à quatre heures en été, et de onze heures à deux heures en hiver. Il convient de ne pas opérer après trois heures du soir en hiver et après six heures du soir en été.

Il convient également de ne pas oublier que la lumière décroît en raison du carré de l'ouverture du diaphragme et que s'il faut 2 secondes de pose avec un diaphragme de 1 cent. de diamètre, il en faudra 4 avec un diaphragme de 1/2 cent., et ainsi de suite.

Ces principes généraux étant donnés, examinons divers sujets, devant lesquels le photographe peut être appelé à se trouver.

Paysages, vues panoramiques.

Il est bien rare de voir de bons paysages exécutés par un débutant. Cela tient à son ignorance absolue des lois de la composition et surtout à ce qu'il choisit son paysage, non tel qu'il se représente sur le cliché, mais tel qu'il le voit dans la nature. Dans un excellent ouvrage, que l'on ne saurait trop recommander aux photographes : *La photographie en plein air*, M. Robinson a très bien exposé les lois d'après lesquelles doit se *construire* le paysage. Ces deux volumes devraient être entre les mains, non seulement des photographes, mais encore de tous les artistes dont la reproduction de la nature est la continuelle préoccupation. Le lecteur me permettra donc d'en extraire quelques règles, qui pourront le guider dans ses premiers pas et lui éviter bien des mécomptes.

Il importe tout d'abord de distinguer les vues locales des paysages artistiques. Dans le premier cas, ce qu'il importe le plus, c'est de faire ressortir l'objet dont on veut conserver le souvenir ; ici le côté artistique passe au second ordre, dans le second cas, il reprend le dessus et doit primer tout le reste.

Éviter, dans un paysage, la répétition de plusieurs lignes parallèles, courant toutes dans la même direction et surtout la répétition de lignes parallèles à l'horizon. Une maison, par exemple, devra être prise un peu de trois quarts et non de face, à moins qu'elle ne présente quelque détail inté-ressant d'architecture.

Si, dans un paysage, il se trouve une ligne oblique prin-cipale, tâchez de lui mettre en opposition un point fort qui lui fasse compensation et rétablisse l'équilibre du tableau.

Éviter enfin de placer le sujet principal tout à fait au centre du tableau ; le mettre plutôt un peu de côté en le contrebalançant par un objet de moindre importance, situé de l'autre côté et lui faisant équilibre.

L'éclairage du paysage est un point capital. Tous les traités de photographie s'accordent à dire que l'opérateur doit avoir le soleil de côté ou en arrière, jamais en face ; or ainsi que le fait observer Robinson, ceci est une règle dont il est bon de ne tenir aucun compte. Le photographe doit reproduire le paysage au moment où son éclairage lui paraît le plus pittoresque, eût-il le soleil absolument en face de lui. La seule précaution à prendre dans ce cas est de préserver l'objectif des rayons solaires et d'empêcher ceux-ci de pénétrer dans l'instrument. Par conséquent, il convient d'étudier soigneusement l'éclairage du point de vue et de savoir attendre ou renoncer même au besoin à démasquer l'objectif plutôt que de faire un cliché insignifiant.

La plupart des débutants ont une tendance à faire les grandes vues panoramiques qui se présentent devant leurs yeux, au cours d'une excursion. Or, c'est là une des choses les plus difficiles à réaliser en photographie, à cause de l'importance que prennent les premiers plans. Les petits coins pittoresques sont bien plus intéressants et plus artistiques. Une chaumière sous de grands arbres, un vieux moulin sur un ruisseau, donnent, parfois sous certains effets de lumière, des photographies charmantes. Le paysagiste qui saurait tirer parti d'un appareil photographique, trouverait là des études qui lui seraient d'une utilité inappréciable pour ses travaux d'atelier.

Vues et paysages animés.

Rien ne vivifie un paysage, ne lui donne du relief et de l'intérêt comme des personnages vivants, convenablement disposés. Sans aller jusqu'à conseiller au lecteur de traîner à sa suite, comme le pratique Robinson, une armée de modèles et d'accessoires, nous lui dirons cependant qu'il vaut mieux placer dans un paysage des animaux et des paysans que les amis d'excursions ou le classique porteur d'appareils, toujours debout ou assis, disséminés comme des poteaux et les figures naturellement braquées sur l'objectif. Mais la photographie instantanée présente justement cet avantage de surprendre les hommes et les animaux dans leurs poses naturelles, dans leur action même et c'est ainsi que j'entends l'utilisation des personnages dans un paysage.

La question se complique beaucoup plus si l'on veut composer, non pas un paysage où les personnages sont les accessoires, mais un tableau dont le paysage n'est qu'un cadre habilement choisi et les personnes des acteurs concourant tous à une action déterminée par l'artiste. Ici, évidemment, il faut des modèles et le photographe qui, dans une œuvre semblable, fait preuve de goût et de science de la composition, s'élève vraiment à la hauteur d'un artiste. C'est là, à mon avis, le summum de l'art photographique et l'on ne saurait trop s'y appliquer ; mais ici, je le répète, c'est de l'art et chacun doit tirer de son propre fonds les conceptions que lui suggèrent les modèles et le paysage dont il peut disposer.

Portraits et groupes.

Il y a peu de choses à dire, relativement aux portraits et aux groupes en plein air. Il faut autant que possible, quand on fait un portrait d'une personne isolée, lui donner un fond en harmonie avec son caractère, son habitus. Quant aux groupes, j'en dirai ce que je viens de dire à propos des paysages animés ; rien n'est laid comme un faisceau de gens assis et debout et semblant attendre une exécution par les armes. Il vaut bien mieux imaginer une action, si insignifiante soit-elle, à laquelle concourent toutes les personnes du groupe. La préparation d'un punch sur une table peut constituer une opération très intéressante pour toute une société de jeunes gens, voire même de jeunes personnes.

Quant aux portraits en chambre, l'on peut dire que c'est le tourment du photographe amateur, à cause des sollicitations qui l'accablent et des désillusions qui s'ensuivent. C'est que l'on trouve rarement des conditions favorables d'éclairage, dans une chambre percée d'une ou deux fenêtres généralement sur le même plan. La meilleure manière d'opérer est de ne prendre alors que la tête et le buste, en faisant poser à un mètre ou deux de la fenêtre. L'on corrige les ombres trop noires en réfléchissant la lumière au moyen de feuilles de papier ou de linges blancs, tendus à côté du modèle. Un linge blanc, déposé sur les genoux, adoucit les ombres des yeux et du menton. Enfin il est bon, indispensable même quelquefois, de corriger la nature par quelques discrètes retouches sur le cliché ; aussi aborderai-je un peu plus loin ce côté accessoire de la photographie du portrait.

Des poses instantanées.

L'instantanéité en photographie a des limites qu'elle ne peut dépasser et elle est soumise à des lois qu'il est indispensable de connaître si l'on veut éviter bien des mécomptes.

Les trois conditions principales à examiner sont : 1° l'éclairage de l'objet ; 2° la distance de l'appareil ; 3° sa vitesse. Ces trois facteurs dépendant directement les uns des autres.

Éclairage. — L'éclairage doit être d'autant plus intense que l'objet est plus rapproché de l'appareil. En effet, supposons un

corps réfléchissant une somme constante de lumière et sui-
vons la marche des rayons lumineux qui en émanent à
travers l'objectif jusqu'au verre dépoli. Il nous sera facile de voir que la quantité de lumière étant constante, plus
l'image de l'objet sur le verre dépoli sera grande et moins
intense sera l'éclairage de cette image, puisque c'est toujours
la même somme de rayons lumineux qui devra couvrir une
grande ou une petite surface. L'objectif agit ici comme un
condensateur et l'intensité lumineuse de l'image serait à son
maximum si elle se formait au foyer de l'objectif.

De là, nécessité de s'écarter suffisamment du sujet à reproduire et de là, difficulté de reproduire instantanément
des objets très rapprochés.

Distance de l'appareil à l'objet. — Il résulte de la proposition précédente que plus l'appareil sera rapproché de
l'objet et plus le temps de pose devra être considérable ; si
cet objet était immobile, il n'y aurait aucun inconvénient à
augmenter proportionnellement le temps de pose, mais nous
voyons intervenir alors le troisième facteur qui est la vitesse
propre de l'objet, ou, pour parler plus exactement, son déplacement angulaire.

Vitesse. — Le déplacement angulaire de l'objet augmente
en raison directe de son rapprochement de l'appareil. En
d'autres termes, un cheval au galop qui, vu à un kilomètre
de l'appareil, mettra une minute pour traverser le champ de
l'objectif, ne mettra qu'une demi-minute à 500 mètres,
15 secondes à 250 m., etc. Cette proposition n'est exacte
que si le mouvement s'exécute parallèlement au verre dépoli
et le déplacement angulaire s'atténue au fur et à mesure que
le plan du mouvement se rapproche davantage du plan perpendiculaire à celui du verre dépoli.

L'instantanéité est donc d'autant plus difficile que la distance de l'objet à l'objectif est plus courte que l'objet est animé d'une vitesse plus rapide et que son mouvement s'exécute dans un plan plus parallèle au verre dépoli.

Elle est d'autant plus facile que la distance est plus grande de l'objet à l'objectif, la vitesse de l'objet moins rapide et que son mouvement s'exécute dans un plan plus perpendiculaire à celui du verre dépoli.

Il suffit de tenir compte de ces trois données pour calculer la vitesse à donner à son obturateur et il faudra bien se persuader que même en instantané, un cliché sera d'autant meilleur qu'il aura une pose plus longue, à la condition que ce temps de pose soit compatible avec la netteté et, par conséquent, le mouvement angulaire *perceptible* de l'objet reproduit. Aux limites extrêmes de l'instantanéité, le développement d'une glace, quelque sensible qu'elle soit, est chose toujours problématique; c'est, en quelque sorte, en forçant le développement, en le poussant au maximum qu'on obtient une image appréciable et, dans ces conditions, l'effet artistique se trouve toujours fatalement amoindri.

Le débutant s'efforcera donc tout d'abord non pas de faire des tours de force, mais de chercher quelques objets faciles, et c'est avec raison que M. Londe recommande, pour commencer, les vues animées, une place publique, par exemple, si les objets en mouvement sont éloignés, l'éclairage à un moment convenablement choisi est vif et le déplacement angulaire est peu considérable.

La plus grande difficulté dans la pratique de l'instantanéité, c'est celle de la mise au point d'un objet en mouvement. Avec les appareils à mise au point automatique, la difficulté est supprimée, mais elle est amplement remplacée par une autre, celle de la visée.

Comme avec les appareils à foyers variable, il n'y a pas possibilité de mettre au point l'objet lui-même et de lui substituer immédiatement la glace sensible, l'on se trouve dans la nécessité d'attendre à un point déterminé le passage de l'objet et de faire la mise au point sur des repères entre lesquels il devra passer. En d'autres termes, on met au point l'espace que devra traverser l'objet à photographier et l'obturateur étant armé, on attend, pour faire la pose, que l'objet soit placé juste entre deux repères déterminés d'avance. Il vaut mieux, dans ce cas-là, faire un peu plus petit, afin d'avoir une certaine latitude dans le mouvement de déclanchement.

Il arrive souvent, malgré toutes les précautions, que l'objet soit déjà à moitié sorti du champ au moment où on a pressé la détente de l'obturateur; aussi a-t-on cherché à adapter sur la chambre noire différents systèmes de viseur.

Le plus simple consiste en un petit cadre carré en laiton fixé au-dessus et au milieu de la planchette porte-objectif, et un œilleton situé à la partie postérieure et également au milieu de la chambre. La dimension du cadre est calculée de telle sorte que, en appliquant l'œil à l'œilleton et en regardant dans le cadre la partie de l'espace qui y est contenue concorde exactement avec celle qui est embrassée par l'objectif et transmise à la plaque sensible.

Un autre système, dû à M. Vidal, consiste à mettre au-dessus de la chambre une lentille bi-convexe, de dimension telle qu'elle donne une vue droite et diminuée de celle qui est projetée dans la chambre.

L'on a proposé enfin d'adapter une seconde chambre noire à côté de la première; l'une servirait à la mise au point pendant que l'autre effectuerait en même temps la pose.

Tous ces moyens sont bons et conduisent au même résultat, à savoir qu'avec de la pratique, on fait toujours de mieux en mieux l'instantané.

Développement des plaques.

La glace qui a subi l'action de la lumière ne présente encore aucune image et ne peut se distinguer en rien de celle qui n'a pas posé. Le développement est l'opération qui consiste à faire naître cette image latente dans l'épaisseur de la gélatine.

L'on a beaucoup varié les formules de développateurs, mais tous cependant peuvent se ramener à deux groupes, ceux qui ont pour base le sulfate de fer et ceux qui ont pour base l'acide pyrogallique. Chacun de ces développateurs a ses qualités et ses défauts, c'est-à-dire que les deux doivent être employés suivant les cas.

Le développateur au sulfate de fer est d'un emploi commode et agréable ; il donne des clichés très doux, très transparents et convient admirablement pour le travail courant. De plus, la couche de gélatine garde toute sa pureté sans aucune trace de coloration et les clichés s'impriment beaucoup plus vite que ceux qui ont été développées à l'acide pyrogallique.

D'autre part, la réduction par l'acide pyrogallique, semble plus complète et surtout plus sensible ; de sorte que pour les instantanés, ce genre de développement est bien préférable.

Ce serait une erreur de croire que le développement d'un cliché est une opération purement mécanique et qui peut se faire les yeux fermés ; elle demande, au contraire, beaucoup de tact et de prudence pour ralentir ou accélérer la réaction et corriger ainsi le manque ou l'excès de pose qui existent presque toujours. C'est grâce aux précautions prises pendant le développement que l'opérateur conduit à bien tous ses clichés.

Quel que soit le mode de développement employé, il est

bon, aussitôt la glace plongée dans le bain, de recouvrir la cuvette d'un carton et de la remuer doucement pendant les deux ou trois premières secondes. A ce moment, on regarde le cliché et l'on recouvre la cuvette ; puis, quand les grands noirs ont apparu, on peut opérer plus librement, mais toujours à la lumière *rouge*. Ce n'est que quand on juge le développement suffisant qu'on peut s'éclairer un peu plus en écartant le verre rouge et en ne conservant que le verre jaune de la lanterne. Et encore, avec de l'habitude, arrive-t-on très bien à juger de la force d'un cliché à la lumière rouge et à éviter ainsi tout risque de voile. Les règles générales du développement peuvent se résumer dans les proportions suivantes.

Une glace dont la pose a été suffisante laisse apparaître les grands noirs au bout de quelques secondes et se fonce graduellement ; les parties les plus éclairées de l'objet apparaissent successivement et se traduisent par des noirs de moins en moins foncés. Continuer, dans ce cas, le développement.

Une glace trop posée laisse apparaître d'un seul coup tous ses détails, aussi bien ceux des grandes lumières que ceux des demi-teintes. Elle grisaille rapidement. Retarder le développement par un des moyens indiqués plus bas.

Une glace qui manque de pose est lente à se développer, les grands noirs seuls du cliché apparaissent lentement, toutes les parties sombres de l'image restent blanches. Accélérer le développement comme nous le dirons plus loin. Ce dernier cas se rencontre presque toujours avec les instantanés.

Développement au fer.

On prépare à l'avance les deux solutions suivantes :

>   Solution 1. Sulfate de fer pur . .   30 gr.
>   Acide tartrique . . .   0 gr. 5
>   Eau distillée . . . . 100 gr.

Cette solution se fait à froid assez rapidement ; elle se conserve longtemps si l'on a la précaution de la tenir dans un lieu très éclairé, voire même en plein soleil.

>   Solution 2. Oxalate neutre de potasse.   90 gr.
>   Eau distillée. . . . .   300 gr.

Se conserve indéfiniment, mais est assez lente à se faire. Il faut employer de l'*eau distillée* très pure, si l'on veut éviter de voir se former un abondant précipité blanc. Celui-ci apparaît toujours à la longue, même avec l'eau distillée, mais il suffit de filtrer la solution au moment de l'emploi.

>   Solution 3. Bromure de potassium.   10 gr.
>   Eau distillée . . . . 100 gr.

Cette troisième solution se garde également très bien sans altération. On la fera dans un flacon beaucoup plus petit que les autres, car elle s'emploie par doses beaucoup moins fortes.

Pour développer les glaces, on ferme avec soin le cabinet noir, en s'éclairant uniquement par la lumière rouge.

On verse dans une éprouvette graduée, 60 cc. de la solution nᵒ 2 et l'on y ajoute ensuite 20 cc. de la solution ferrique nᵒ 1, c'est-à-dire qu'on achève de remplir l'éprouvette jusqu'à ce que le niveau du liquide atteigne le trait marqué

80 cc. (pour une glace 13 × 18). Si l'on se propose de développer des glaces posées à la main, et non avec l'obturateur, il est bon d'ajouter tout de suite à ce mélange 4 ou 5 gouttes de la solution n° 3.

Le liquide ainsi obtenu doit être limpide et rouge brun clair, sans précipité d'aucune sorte après agitation.

Le mélange effectué, on tire la glace du châssis ou de la boîte, on la dépose dans la cuvette, la couche sensible en dessus, on y verse rapidement le contenu de l'éprouvette, de façon à bien recouvrir toute la surface d'un seul coup et, couvrant avec le carton ou une seconde cuvette, l'on remue doucement la cuvette en lui imprimant un mouvement de bascule. Un bon moyen d'effectuer régulièrement ce mouvement *qui doit continuer pendant tout le développement*, consiste à déposer simplement sous la cuvette et en son milieu un crayon ou une tige quelconque ; de la sorte on n'a plus qu'à abaisser et à relever alternativement une des extrémités de la cuvette.

Au bout de 5 ou 6 secondes, on regarde le cliché et si tout semble marcher normalement, c'est-à-dire si les grandes lumières du modèle se traduisent en noir et si l'on voit paraître peu à peu le reste de l'image, on continue à agiter la cuvette jusqu'à ce que les grands noirs du cliché paraissent au dos de la glace. Pour s'en assurer, il suffit de soulever celle-ci hors du bain par une de ses extrémités, avec un crochet de baleine et d'y regarder l'envers. A ce moment, on retire la glace du bain en la prenant par un angle et on la regarde par transparence. Le cliché doit être poussé dans le développement à un degré d'opacité assez prononcé, car il ne faut pas oublier qu'au fixage une grande quantité du bromure opaque qui en obscurcit les clairs sera dissoute par l'hyposulfite, de sorte qu'un cliché arrêté dans le développement à un point qui paraîtrait suffisant pour le tirage deviendrait trop clair après le fixage.

Modifications du développement au fer. — Si au moment où l'on plonge la glace dans le bain, on voit brusquement paraître, après quelques secondes, toute l'image sans transitions, c'est que la glace a trop posé. Dans ce cas, on la retire rapidement du bain et l'on verse dans celui-ci environ un cent. cube de la solution n° 3; on agite un peu la cuvette pour mélanger les solutions et l'on replonge la glace. L'opération doit se faire rapidement et sans hésitation.

Développement au fer des instantanés. — *Accélérateurs.* — Bien qu'il vaille mieux employer le développement à l'acide pyrogallique pour opérer le développement des instantanés, l'on peut se trouver dans l'obligation d'user du bain de fer et alors l'on doit dans ce cas recourir à des adjonctions de certains corps qui accélèrent le développement et permettent de tirer d'un cliché tout ce qu'il peut donner dans les ombres.

Accélérateur à l'hyposulfite de soude. — Un des accélérateurs les plus anciennement préconisés. Son emploi demande beaucoup de prudence, car le moindre excès de ce sel voile irrémédiablement le cliché. La manière la plus commode de l'employer est d'en avoir une solution à 1 pour 1000 et d'en ajouter au bain avec un compte-gouttes.

Accélérateur au sel marin. — M. Franck de Villechole, puis plus tard M. Audra, ont observé que si l'on fait tremper les glaces à pose instantanée pendant une ou deux minutes dans un bain de sel marin à 15 %. et qu'on les plonge ensuite, *sans lavage*, dans le bain de fer ordinaire sans bromure, on accélère considérablement le développement.

Accélérateur à la chrysaniline. — Une solution de 1 % de chrysaniline faite à chaud est conservée comme

provision dans un flacon. Au moment de développer les instantanés sur les glaces que l'on suppose avoir trop peu de
pose, on étend cette solution de 20 fois son volume d'eau et
l'on y laisse tremper les glaces pendant une minute, puis on
développe comme d'habitude. Le bain de chrysaniline peut
servir jusqu'à épuisement, mais j'ai trouvé qu'il valait mieux
le changer chaque fois. Cette méthode que nous devons à
M. le commandant Joly m'a donné d'excellents résultats et
c'est elle que je conseille d'employer toutes les fois que
l'on aura recours au fer pour développer des glaces à pose
courte.

Le même bain de fer peut servir pour développer 2 ou 3
plaques si l'on veut dans la même journée. Il y a encore un
moyen de tirer parti des vieux bains de fer. L'on a deux cuvettes à développement. Dans la première, on met le vieux
bain, dans la seconde le bain neuf. Les glaces plongées dans
la première cuvette y sont développées jusqu'à apparition des
grands noirs, puis déposés ensuite dans la seconde cuvette
où s'achève le développement. Celui-ci terminé, on jette le
bain de la première cuvette et l'on conserve, en l'exposant
au soleil, dans un flacon celui de la seconde, qui est destiné,
dans une opération ultérieure, à commencer le développement dans la première cuvette, et ainsi de suite.

Ce système ne peut s'employer qu'autant que l'on n'a
point ajouté au bain de substances accélératrices, comme l'hyposulfite, par exemple, qui perdrait totalement une plaque
normalement exposée.

Développement à l'acide pyrogallique.

L'acide pyrogallique donne des clichés plus durs que le
sulfate de fer, mais il donne aussi beaucoup plus de latitude
dans le temps de pose. De plus, avec les nouveaux procédés
de développement aux carbonates préconisés depuis quelques

années seulement, l'on peut mieux guider et surveiller son cliché. Là, en effet, le développement se divise, pour ainsi dire, en deux parties : révélation de l'image et renforcement progressif. Le premier temps de l'opération est, on le comprend, fort important pour l'instantanéité, puisque précisément le cliché instantané a toujours une tendance à donner des détails faibles ou nuls dans les ombres:

Voici un procédé de développement dû à M. Balagny, procédé qui s'applique aussi bien aux instantanés qu'aux poses longues. Les proportions que j'indique ici conviennent à une glace 13 $\times$ 18.

Dans une éprouvette graduée, l'on verse :

Eau . . . . 60 cc.
Solution aqueuse de sulfite de soude à 20 % . . 10 cc.
Solution aqueuse de carbonate de soude à 30 %. 20 cc.

Si l'on a à développer des plaques à pose longue et non des instantanés, il faut avoir soin d'ajouter au mélange précédent :

Solution de bromure d'ammonium à 10 %. . 5 gouttes.

Ce mélange est versé sur la plaque dans une cuvette où il doit séjourner deux ou trois minutes.

Pendant ce temps, l'on verse dans l'éprouvette qui contenait le liquide précédent 10 cc. d'une solution alcoolique d'acide pyrogallique à 8 % et l'on verse par-dessus le liquide de la cuvette, on mélange le tout et on le reverse sur la glace.

L'on suit alors le développement et on le laisse s'effectuer en basculant la cuvette jusqu'à ce que les blancs du cliché commencent à se couvrir ; on examine de temps à autre par transparence. Si les détails dans les ombres tardent à se montrer, on verse au fond de l'éprouvette quelques cent. cubes de la solution de carbonate de soude, on y ajoute le liquide de la cuvette, on mélange et l'on reverse sur la plaque. Cette addition de carbonate peut se répéter plusieurs fois jusqu'à ce que l'on ait obtenu les détails voulus dans les blancs du cliché, c'est-à-dire dans les parties ombrées du modèle.

Ces détails obtenus, il faut maintenant renforcer le cliché, sans quoi il serait trop faible après le fixage. Pour cela, on met au fond de l'éprouvette 5 à 10 cent. cubes de la dissolution pyrogallique ; on y jette le bain et on le reverse sur le cliché. Après 2 minutes, on met au fond de l'éprouvette 5 à 10 cent. cubes de la solution de carbonate de soude, on y jette le bain et l'on reverse encore sur le cliché. On alterne ainsi les additions d'acide pyrogallique et de carbonate jusqu'à obtention de l'intensité voulue. Si le bain présente une coloration jaune, on y ajoute, toujours par le même moyen, quelques cent. cubes de sulfite de soude[1].

Je me suis étendu longuement sur ce procédé, parce qu'il est excellent et très pratique quand on fait de l'instantané à poses très courtes. Quelque compliquée d'ailleurs qu'en soit la description, il est aussi simple et aussi commode que tout autre ; aussi n'insisterai-je pas beaucoup sur les nombreuses formules proposées pour le développement pyrogallique et en indiquerai-je seulement une autre due à Edwards, et qui présente l'avantage d'être d'une conservation facile et très commode en voyage, car elle peut se garder en réserve sous un petit volume.

Sol. n° 1. Alcool à 90 . . . . 18 cc.
       Glycérine . . . . 3 cc.
       Acide pyrogallique. . . . . 3 gr.

---

1. Il ne faut pas confondre le sulfite de soude avec l'hyposulfite de soude. Le sulfite de soude en solution aqueuse s'altère rapidement, aussi est-il bon de n'en préparer qu'au fur et à mesure des besoins.

Sol. n° 2 Eau distillée . . . . 18 cc.
           Glycérine. . . . .   3 cc.
           Ammoniaque concentrée . . . .   3 cc.
           Bromure de potassium . . . .   0 gr. 4

Ces deux solutions se gardent longtemps en réserve dans des flacons bouchés à l'émeri.

Pour développer les glaces, on les fait tremper pendant quelques minutes dans de l'eau pure ou bien, si la pose a été courte, dans :

           Eau distillée. . . . . 100 cc.
           Sulfite de soude . . . . 10 cc.
           Hydroquinone. . . . .   1 gr.

Cette formule a été indiquée par le commandant Joly et agit ici comme accélérateur.

On mélange ensuite pour une glace 13×18 : 2 cent. cubes de la solution 1 et 30 cent. cubes d'eau pure que l'on verse dans une cuvette ; l'on mélange, 2 cent. cubes de la solution n° 2 et 30 cent. cubes d'eau que l'on verse dans la même cuvette. On agite un peu et l'on y plonge la glace à développer.

Selon que le développement a lieu trop ou pas assez vite, on ajoute au bain un ou deux cent. cubes de la solution n° 2 ou de la solution n° 1, en ayant soin de ne pas verser directement dans la cuvette, mais dans un verre où l'on jette ensuite le contenu de la cuvette que l'on reverse sur la glace.

Premier lavage.

On arrête le développement au moment où on le juge suffisant en projetant sur la glace tenue par un angle un filet d'eau que l'on fait tomber doucement sur toute la surface ; on retourne la glace sous le filet d'eau pour en laver rapidement aussi l'envers. Ce lavage n'a pas besoin d'être excessivement complet, 3 minutes suffisent pour enlever l'excès du développateur.

Fixage.

Le fixage est une opération qui a pour but de dissoudre le bromure d'argent non réduit par la lumière.

On verse dans une cuvette spécialement destinée à cet usage et tenue à l'écart dans un coin du laboratoire aussi éloigné que possible des bains de développement, une solution d'hyposulfite de soude à 20 % et l'on y dépose le cliché qui ne tarde pas à se dépouiller complètement. Le bromure d'argent non réduit, qui donne à la couche vue à l'envers sa coloration blanche, se dissolvant peu à peu, le cliché devient complètement transparent. Il ne faut pas trop se hâter de sortir le cliché de l'hyposulfite, même quand toute la couche blanche à disparu ; il vaut mieux l'y laisser encore quelques minutes.

Le bain d'hyposulfite peut servir à fixer plusieurs clichés dans la même journée, mais ne doit pas être conservé. Il ne faut pas être trop avare de ce bain qui est, du reste, d'un prix minime et l'on a avantage à en user largement. Les clichés s'en conserveront mieux.

L'hyposulfite a une action absolument funeste sur tous les bains de développement et sur toutes les préparations argentiques ; aussi faut-il éviter de le mêler en quoi que ce soit aux autres manipulations, le tenir toujours à l'écart et lui réserver des cuvettes qui lui seront exclusivement consacrées.

Alunage.

Certaines couches ont une tendance à se séparer de la glace pendant le lavage ; aussi est-il bon de faire séjourner les clichés, après les avoir lavés rapidement au sortir de l'hyposulfite, dans le bain suivant :

Eau. 1000
Alun. 100

qui a l'avantage d'insolubiliser légèrement la gélatine et de lui donner plus de consistance. Dix minutes suffisent pour que l'action sur la couche en soit complète.

Lavage des clichés.

Du lavage soigneusement fait des clichés et *de l'enlèvement*

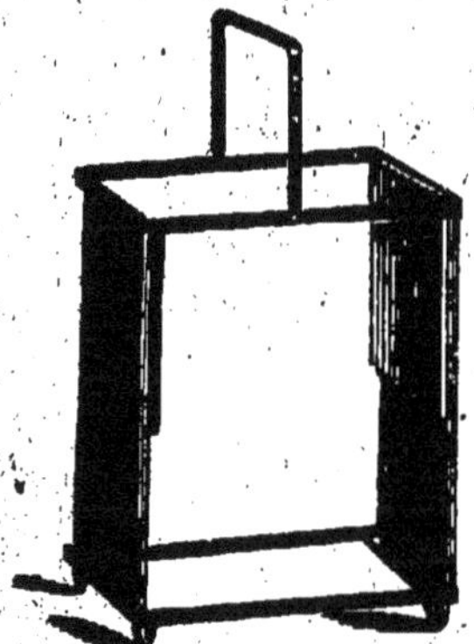

Fig. 37. Panier à laver les clichés, ouvert.

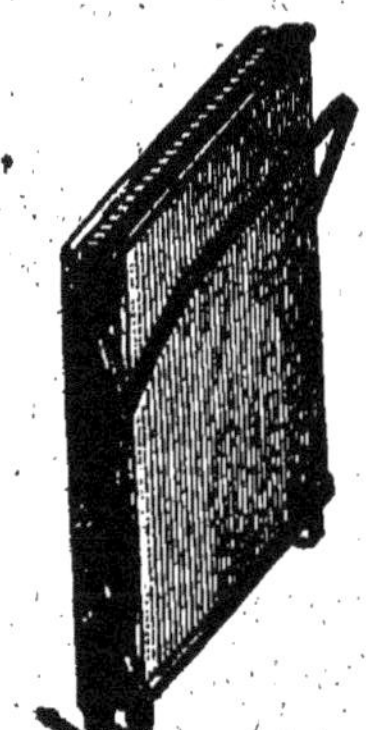

Fi5. 38. Le même fermé.

complet de toute trace d'hyposulfite dépend leur parfaite conservation. Si l'on n'a que deux ou trois clichés, on peut

les mettre debout dans une cuve dont on renouvelle l'eau le
plus souvent possible pendant 10 ou 12 heures ou encore

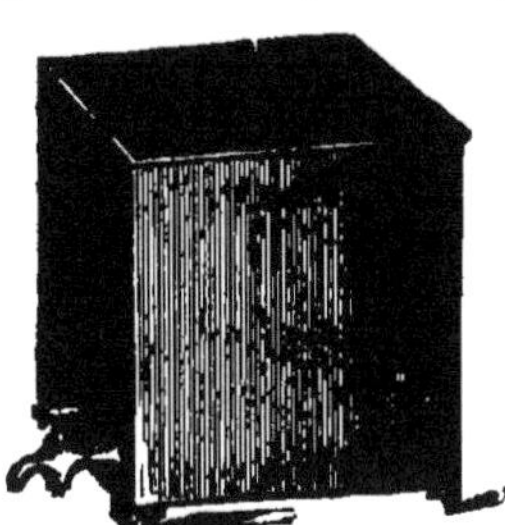
Fig. 39. Cuve en zinc
à rainures
pour laver les clichés.

dans laquelle on laisse couler le
robinet d'une fontaine ; mais ce
système expose à des accidents,
et il vaut mieux déposer ses clichés dans une boîte en zinc à
rainures, où ils sont à l'abri de
tout danger. On remplit la boîte
d'eau souvent renouvelée, mais il
vaut mieux, toutes les fois qu'on
le peut, soumettre les plaques à
un courant continu en évitant que
le jet ne tombe directement sur les clichés qu'il finirait par
détériorer.

Renforcement des clichés.

Il arrive souvent que le cliché est reconnu trop faible
après la fixation ; il présente bien tous les détails et tout le
fouillé voulus, mais les noirs manquent d'opacité. Dans ce
cas, il faut le faire monter et lui donner plus de vigueur.
Mais que l'opérateur n'oublie pas que le renforçateur n'ajoute
rien à ce qui existe déjà et qu'un cliché sans détails dans les
ombres restera toujours un mauvais cliché ; le renforcement
le rendra seulement plus dur, en exagérant la valeur des
ombres et des lumières.

Le renforçateur le plus commode et le plus puissant est
le bichlorure de mercure, suivi de l'action de l'ammoniaque.

Eau distillée . . . . 100 gr.
Bichlorure de mercure . . . . . 5 gr.
Alcool . . . . 10 cc.

Le cliché, trempé pendant quelques minutes dans de l'eau pure, est plongé dans ce bain où il blanchit rapidement. Plus il blanchit et plus l'action de l'ammoniaque sera énergique; on peut donc fixer à volonté le degré du renforcement.

On lave ensuite *très soigneusement* le cliché dans l'eau pure, pendant 5 ou 6 minutes et on le plonge dans

Eau pure . . . . 100 cc.
Ammoniaque . . . . 10 cc.

La couche devient immédiatement noire et le renforcement est instantané. On lave ensuite soigneusement.

Cette opération peut se faire naturellement au grand jour et soit après le lavage des clichés, soit plusieurs jours après.

Il arrive souvent que, par suite de lavages incomplets, la couche renforcée jaunisse à la longue ou sous l'action des rayons solaires ; le procédé suivant, récemment imaginé en Amérique, n'offre pas cet inconvénient.

Plonger la glace, préalablement trempée dans l'eau pure, dans :

Eau distillée . . . . 100 cc.
Bichlorure de mercure . . . . . 2 gr.
Bromure de potassium . . . . . 2 gr.

Laver ensuite le cliché avec soin et le plonger dans :

Eau pure . . . . 100 gr.
Sulfite de soude . . . . 12 gr.

Le renforcement se fait immédiatement comme dans le procédé précédent.

Affaiblissement des clichés.

D'autres fois, au contraire, le cliché est trop monté, trop opaque, et l'on peut avoir avantage à en réduire un peu l'intensité. Le prussiate rouge de potasse, mélangé à l'hyposulfite de soude, m'a fourni de bons résultats.

<pre>
Hyposulfite de soude. . . .   15 gr.
Eau pure . . . .   100 gr.
Solution saturée de prussiate .   6 ou 8 gouttes.
</pre>

La glace, préalablement trempée dans l'eau pure, est plongée dans ce bain et l'on suit peu à peu l'affaiblissement du cliché. Après quelques minutes d'action, on retire celui-ci, l'on ajoute 2 ou 3 gouttes de la solution de prussiate, l'on agite le mélange et l'on y remet le cliché. On peut continuer ainsi à ajouter, toutes les cinq minutes, quelques gouttes de prussiate, jusqu'à ce que l'affaiblissement ait atteint le degré voulu.

Ce bain contenant de l'hyposulfite, le cliché doit ensuite être soumis à un lavage aussi prolongé que s'il sortait directement du bain fixateur.

Séchage des clichés.

Les clichés terminés sont placés sur l'égouttoir ou contre un mur à l'ombre et loin de tout foyer de chaleur. Il ne faut point oublier en effet que la gélatine, imbibée d'eau, fond à une très basse température et que, loin de hâter le séchage d'un cliché en le chauffant soit au soleil, soit près du feu, on le ferait inévitablement couler.

Si l'on désire hâter la dessication d'un cliché, on peut

obtenir ce résultat en quelques minutes, sans aucun danger,
en l'égouttant parfaitement, essuyant l'envers avec du

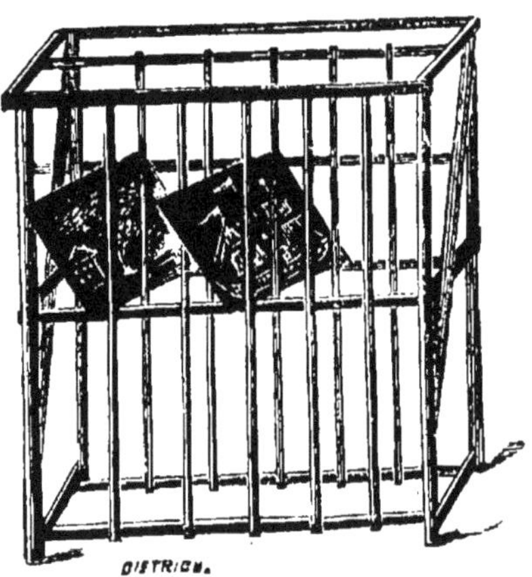

Fig. 40. Égouttoir pliant à baguettes pour le séchage
des clichés.

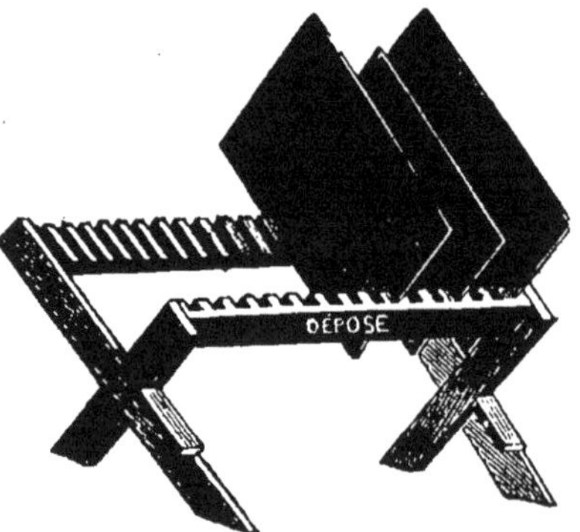

Fig. 41. Égouttoir pliant pour le séchage des clichés.

papier buvard et le plongeant dans une cuvette contenant
de l'alcool à 70° ou 80°. Très avide d'eau, il ne tarde pas à

s'emparer de celle qui imbibe la gélatine et alors on n'a plus qu'à retirer le cliché et à laisser évaporer l'alcool, ce qui demande dix minutes.

Transformation d'un cliché sur verre talqué en cliché pelliculaire.

Lorsque l'on a employé des glaces talquées en vue de retourner ensuite la couche sensible et d'obtenir ainsi un cliché pelliculaire pouvant s'imprimer des deux côtés, il reste une seconde opération à effectuer après le développement et le fixage du cliché, c'est le transport sur une feuille de gélatine.

Le cliché ayant été fortement aluné, puis lavé et séché comme d'habitude, on le place bien de niveau sur trois vis calantes dont on a parfaitement vérifié d'abord l'horizontalité, puis l'on verse à sa surface une couche de gélatine dissoute dans l'eau dans la proportion de 6 ou 10 %. Cette solution de gélatine doit être aussi froide que possible, sans toutefois faire prise et le cliché doit être préalablement chauffé à 35° à peu près.

On laisse la couche de gélatine faire prise sur le cliché, puis on plonge le tout dans un bain d'alun, on lave pendant dix minutes dans une cuvette pleine d'eau et on laisse la dessication s'effectuer complètement. Le cliché étant bien sec, on trace au canif, à quelques millimètres de ses bords, quatre lignes parallèles à ceux-ci et l'on soulève avec précaution, un des coins de la couche de gélatine avec la pointe du canif ; la couche se détache aisément et l'on obtient ainsi un cliché qui ne diffère en rien des clichés pelliculaires obtenus directement.

Méthode de retournement à la plombagine.

Ce procédé, excessivement ingénieux, présente l'avantage de ne pas compromettre le cliché original que l'on peut conserver tel quel, et de donner des épreuves très fines. Il a été indiqué, il y a longtemps déjà, par M. Quinsac, et aujourd'hui que les procédés aux encres grasses tendent à se généraliser de plus en plus, on trouvera parfois utile un procédé simple et rapide, permettant d'utiliser n'importe quel cliché négatif en le renversant.

On prépare la solution suivante :

Eau. . . . . . , ...	100 gr.
Gomme arabique.	5
Glucose . . . . , . . .	2
Miel	0,5
Eau saturée de bichromate d'ammon.	10 cc.

Cette solution doit être filtré et ne se conserve que pendant quelques jours.

Sur une glace parfaitement nettoyée et talquée, on en verse une certaine quantité exactement comme si on collodionnait une plaque et l'on fait sécher immédiatement à la chaleur, dans l'obscurité, soit au-dessus d'une lampe à alcool, soit, ce qui est mieux, sur une plaque de fonte chauffée à 60°. Le chauffage doit être très uniforme pour éviter les zones et les taches.

Dès que la couche est refroidie, on l'expose derrière le négatif à retourner, et on l'expose à la lumière pendant un temps qui varie de 2 à 5 minutes, selon l'intensité. Il y a avantage à opérer à une température plus élevée que 10°, et cette condition se réalise facilement en chauffant légèrement la glace et le coussin du châssis positif. Sous l'action des rayons lumineux, la gomme bichromatée, devient plus ou moins insoluble et contracte la propriété de retenir, en raison même de ce degré d'insolubilité, les poudres fines que l'on projette à sa surface.

Pour développer l'image latente ainsi obtenue, on prend la glace insolée, si le milieu dans lequel on opère est très sec, on la passe rapidement au-dessus d'une cuvette pleine d'eau ; si, au contraire, il est très humide, on la chauffe légèrement et également partout, puis on la dépose sur un coussin de papier blanc. On trempe alors un pinceau doux dans de la plombagine lavée à l'alcool, et l'on promène ce pinceau sur la couche. L'image, si la pose a été exacte, se développe rapidement et en 5 minutes elle est complète. On aide au développement en laissant reposer la couche pendant une ou deux minutes, et reprenant ensuite l'opération.

Lorsque l'image est arrivée au point convenable, on la recouvre d'une couche de collodion normal, on attend que cette couche ait fait prise, et on plonge la glace dans l'eau. Le bichromate en excès non insolubilisé se dissout et le cliché devient peu à peu incolore. A ce moment, on retire la plaque de l'eau, on la laisse sécher et on la couvre d'une couche de vernis photographique.

L'on a ainsi un cliché négatif identique à l'original, mais renversé.

Ce procédé possède en outre une qualité des plus remarquables, celle de rendre des plus faciles les retouches locales. En effet, si quelque partie de l'image paraît trop faible, il suffit, pour l'intensifier en ce point, de haler à la surface et de repasser le pinceau chargé de poudre. Cette opération, répétée plusieurs fois, permet d'obtenir toute l'intensité désirée.

En suivant une marche inverse, on peut atténuer les parties trop opaques : il suffit de ne pas placer de plombagine en ces endroits. On a donc un moyen complet de retouche qui permet de tirer parti de certains clichés qu'on regardait comme inutilisables.

Insuccès du procédé au gélatino-bromure.

Il arrive souvent qu'au cours des manipulations que nous venons d'exposer, il se produit des accidents imprévus, des voiles, des taches, des stries sur les clichés.

De ces accidents, les uns sont inhérents à la fabrication des plaques et alors c'est le commerçant qui les a livrées qui en est responsable, les autres sont dus à des fautes commises par l'opérateur, et, dans ce cas, il doit chercher la cause de l'insuccès pour y remédier au plus tôt.

Insuccès dus à la préparation défectueuse des plaques.

1. — L'épreuve développée est vigoureuse d'un côté du cliché et faible de l'autre. — Les glaces ont été mal émulsionnées et la couche est d'épaisseur inégale.

2. — L'épreuve se développe normalement, mais ne peut monter. — Émulsion trop claire, trop peu chargée de bromure.

3. — La plaque présente des pustules ou des élévations. — Mauvaise qualité de la gélatine employée.

4. — Cristallisations dendriformes dans la couche. — Lavage imparfait de l'émulsion, et présence des sels alcalins mal éliminés.

5. — Points noirs en étoile. — Les plaques ont été préparées à la poussière, émulsion mal filtrée.

6. — Taches rondes claires. — Tiennent à certaines qualités de gélatines, s'évitent par l'addition d'un peu d'albumine à l'émulsion.

7. Réticulation alvéolée de la couche. — Se produit souvent avec les émulsions dans lesquelles prédomine une trop grande proportion d'alcool.

8. — Grandes zones circulaires déprimées visibles par réflexion. — Séchage inégal et irrégulier des plaques; température trop élevée pendant le séchage.

Insuccès dus à l'action de la lumière.

1. — Traînées sombres partant d'un angle ou d'un côté de la plaque, et s'atténuant peu à peu. — Le châssis ne ferme pas bien et laisse filtrer un peu de lumière.

2. — Voile uniforme sur toute la plaque. — Lumière trop vive dans le cabinet noir ; fente de la chambre noire.

3. — Apparition instantanée de l'image dans le développateur. — Pose trop longue, ajouter du bromure.

4. — Retard dans le développement, les grands noirs seuls paraissent. — Pose trop courte, ajouter de l'acide pyrogallique.

Insuccès dus au développement.

1. — La plaque se mouille inégalement et le liquide y coule par petites veines. — La couche est trop sèche, tremper les glaces dans l'eau pure pendant quelques minutes avant le développement.

2. — La liqueur pyrogallique jaunit et salit le cliché. — Manque de sulfite de soude, en ajouter quelques centimètres cubes.

3. — La liqueur ferrique dépose un précipité jaune d'ocre. — Mauvaises proportions entre l'oxalate et le fer. Changer le liquide.

Insuccès dus à la fixation.

1. — La couche jaunit après quelques jours. — Bain d'hyposulfite pas assez neuf, pas assez abondant.

2. — La couche se soulève et abandonne le verre.— Aluner avant le fixage.

3. — La couche jaunit lentement et par places. — Lavage insuffisant après le fixage.

Vernissage.

Les couches de gélatine des clichés au gélatino-bromure, ont une solidité bien supérieure à celles des clichés au collodion ; aussi n'est-il pas indispensable de les recouvrir d'un vernis protecteur, surtout si l'on n'a que quelques positives à en tirer. Le seul risque qu'elles puissent courir, c'est de s'altérer et de se tacher au contact d'un papier positif humide et il est d'autant plus facile d'éviter cet accident, que l'on conserve le papier aux sels d'argent dans un endroit sec.

L'on peut cependant, pour plus de sûreté, couvrir ses clichés d'une couche de collodion normal, qui les protégera contre l'humidité ou, mieux encore, d'un vernis plus solide. Ce vernis peut être une dissolution de gomme laque blanche, dans l'alcool. L'on trouve du reste, dans le commerce, d'excellents vernis tout préparés. Les uns s'étendent à froid et donnent une couche mate et grenue, assez semblable à du verre dépoli, les autres qui donnent, au contraire, une couche dure et brillante, doivent être étendus sur la glace légèrement chauffée. Il vaut mieux donner la préférence à ces derniers.

Pour étendre le vernis à chaud sur un cliché, on prend ce dernier, qui doit être parfaitement lavé et bien sec, entre le pouce et l'index replié, et, le tenant par un de ses angles, on le passe rapidement et uniformément sur la flamme d'une lampe à alcool. La chaleur ne doit pas être poussée trop loin et le cliché doit pouvoir être maintenu sans douleur sur le dos de la main. A ce moment, on verse rapidement au centre de la glace, sur la couche même de gélatine, une certaine quantité de vernis, on incline dans tous les sens en versant toujours doucement, jusqu'à ce que la glace soit bien couverte, puis on recueille l'excédent de vernis en le faisant couler par un des angles dans le flacon. Il faut éviter d'en faire couler au dos de la plaque, car il pourrait s'enflammer au deuxième chauffage. Dès que le vernis est étendu, on chauffe de nouveau la plaque en la promenant sur la flamme de la lampe jusqu'à dessication complète du vernis. Si celui-ci venait à s'enflammer il n'y aurait qu'à poser rapidement la plaque sur la table et à souffler fortement dessus, puis à recommencer l'opération.

Retouche des clichés.

Les clichés terminés présentent souvent des piqûres transparentes, des taches claires qui se traduiraient en noir sur l'épreuve positive. Il faut, par conséquent, boucher ces trous avec un peu de couleur rouge ou jaune, de façon à transformer les taches claires en taches opaques, qui se traduiront en blanc sur les épreuves positives et qu'il sera dès lors facile de faire disparaître. Les couleurs en pain

pour l'aquarelle conviennent très bien pour cet usage. On
en charge fortement un pinceau fin et l'on en applique une
épaisse couche sur le point clair.

Il est un autre genre de retouche plus délicat et plus
difficile, c'est celle qui consiste à corriger les imperfections

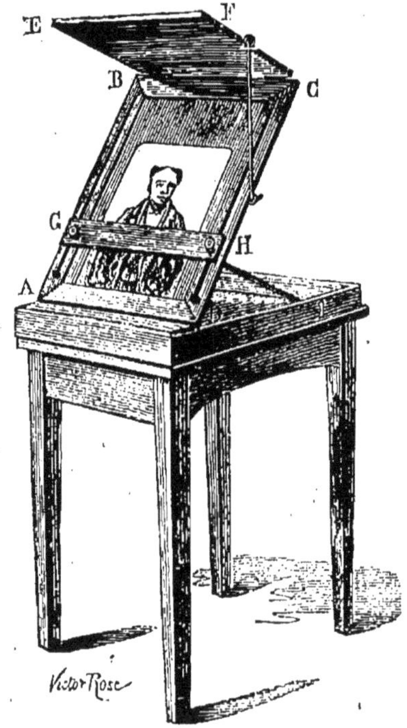

Fig. 42. Pupitre à retoucher les clichés.

naturelles d'un portrait, exagérées par l'objectif. L'on y
arrive cependant avec beaucoup de soin et de patience et
comme il n'est guère possible de livrer un portrait photographié sans le retoucher legèrement, il vaut mieux s'habituer
dès le début à cette petite opération.

Les ustensiles du retoucheur sont peu nombreux. Il est bon d'avoir un pupitre à retoucher qui permet de travailler commodément et avec plus de sûreté de main. C'est un cadre en bois muni d'un verre dépoli et susceptible de s'incliner plus ou moins sur une planchette horizontale munie d'une glace et faisant l'office de réflecteur. A la partie supérieure du cadre incliné se trouve une autre planchette qui arrête les rayons lumineux et met la tête de l'opérateur dans l'ombre. Le cliché se trouve ainsi complètement éclairé par transparence.

Si l'on ne possède pas de pupitre à retoucher, on peut en improviser un en posant sur une table une feuille de papier blanc, de chaque côté de laquelle on dispose quelques livres formant deux piles, espacées entre elles d'une largeur un peu moindre que celle du cliché. On applique celui-ci, par ses bords, contre les livres et la feuille de papier sert de réflecteur.

Le cliché à retoucher doit être préalablement verni à chaud, comme nous l'avons dit dans le paragraphe précédent; mais le crayon ne prend que peu ou pas sur une telle couche et il faut la préparer à recevoir la retouche. Pour cela, on se procure de la cendre de bois, finement tamisée ou de la poudre d'os de seiche très fine, on y trempe le bout du doigt indicateur et l'on en frotte doucement et d'un mouvement circulaire toutes les parties où devra porter la retouche. La couche de vernis se trouve ainsi dépolie et le crayon mord très bien à sa surface.

On taille alors en pointe très fine un crayon Faber, n° 3 ou n° 4, et l'on égalise bien sa pointe sur un morceau de papier émeri, puis l'on se met en devoir de corriger le cliché.

Les retouches ne peuvent naturellement porter que sur les parties transparentes du cliché; en d'autres termes, on ne peut que le rendre plus opaque, mais la retouche doit être d'autant plus réservée, que l'on se sent moins sûr de soi. Une épreuve positive du cliché, tirée avant la retouche et que l'on consulte de temps à autre, aide beaucoup le débutant.

L'on commence par faire ce que les retoucheurs nomment le nettoyage de la figure, c'est-à-dire que toutes les petites taches, toutes les inégalités qui se traduisent par autant de points plus ou moins clairs sont ramenés à la même valeur que la teinte ambiante. En un mot, tout en respectant le modelé de la figure, on en égalise les ombres. Si une ombre est trop dure, si elle semble passer trop brusquement au clair, on peut, par un travail fin et délicat du crayon, ménager une demi-teinte qui en adoucit beaucoup les bords. Le point visuel est également accentué. Enfin les rides sont atténuées, autant que possible, en passant à plusieurs reprises le crayon sur la ligne claire qui les forme.

Les inégalités des lèvres doivent être aussi soigneusement effacées, mais il faut toujours avoir présent à l'esprit cet axiome, que la retouche doit seulement s'attaquer aux petits défauts et non aux grandes masses d'ombre et de lumière. Un cliché mal éclairé ne peut être corrigé.

Il est d'ailleurs facile de tirer une épreuve au cours de la retouche, pour s'assurer du point où l'on en est et de ce qui reste encore à faire. Pour effacer un travail défectueux, on se sert d'un peu de la poudre à dépolir, portée au bout du doigt ou sur une petite estompe.

Tels sont les principes de la retouche du portrait; elle demande beaucoup de soin et de prudence, mais, par l'exercice, on peut arriver à la posséder suffisamment pour faire de bons portraits d'amateur.

Conservation des clichés.

Les clichés au gélatino-bromure qui ont été lavés avec tout le soin voulu semblent pouvoir se conserver indéfiniment, quand ils sont tenus à l'abri de l'humidité. S'ils jaunissent, c'est que le lavage aura été insuffisant et que le milieu dans lequel on les garde est trop humide.

Les clichés sur verre se conservent d'habitude dans des boîtes en bois à rainures qui préviennent le frottement des couches les unes contre les autres et l'éraillure des épreuves.

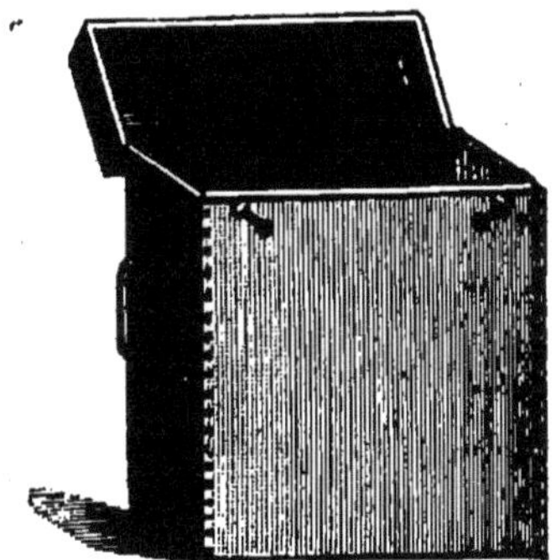

Fig. 43. Boîte en bois à rainures pour
la conservation des clichés.

Une excellente habitude à prendre dès le début consiste à coller sur un des petits côtés du cliché une bande de papier blanc de 5 ou 10 millimètres de large, sur laquelle on écrit toutes les indications qui peuvent être intéressantes à conserver, telles que le nom de la localité, la date et l'heure où le cliché a été fait, le temps de pose, etc.

Cette mesure peut paraître superflue lorsque l'on n'a qu'un petit nombre de clichés, mais, comme en général, le nombre s'en accroît de plus en plus (la photographie ne lâche point facilement ses adeptes), il arrive un moment où la confusion la plus complète se produit dans la collection.

Un autre avantage de ce procédé, c'est de permettre de parcourir rapidement, rien qu'en soulevant un peu les glaces, tous les clichés d'une boîte et de faciliter, par conséquent, les recherches.

Un dernier conseil enfin pour terminer. Ne gardez que vos bons clichés, mais ne les gardez pas seulement sous cette forme, imitant en cela bon nombre de passionnés photographes, qui admirent longuement leurs œuvres, mais à l'état de clichés et n'en ont seulement pas une épreuve chez eux. L'avantage d'un bon cliché est, il ne faut pas l'oublier, de donner de bonnes épreuves et ceux qui s'arrêtent aux procédés négatifs de la photographie ressemblent un peu à ces avares qui jouissent de leurs trésors en pensant aux jouissances qu'ils pourraient leur procurer.

QUATRIÈME PARTIE

ÉPREUVES POSITIVES

Nous ne nous sommes occupé dans les premières parties de cet ouvrage que de l'obtention des épreuves négatives ou clichés; nous avons vu qu'on pouvait obtenir, soit des clichés sur verre, par impression directe à la lumière, soit des clichés sur papier gélatiné, ou plus simplement sur feuille de gélatine, soit enfin des clichés *retournés* par contact d'une glace spécialement préparée avec un négatif ordinaire. Quel que soit le procédé employé, l'obtention d'une épreuve négative n'est que la première partie de l'ensemble des opérations qui constituent la photographie et le but ne sera complètement atteint que lorsque le cliché, définitivement terminé, aura fourni une ou plusieurs épreuves positives.

D'une manière générale, la photographie positive peut être définie : une opération ayant pour but de former une image dont la valeur des teintes et des demi-teintes soit directement proportionnelle à celle de l'original. La photographie négative, au contraire, consiste à obtenir des teintes inversement proportionnelles à celles du modèle.

La photographie tout entière, en effet, n'est basée que sur le noircissement de certaines substances chimiques sous l'action de la lumière; par conséquent, les mêmes substances qui, frappées par un objet blanc vivement éclairé, un groupe de maisons, par exemple, nous donneront un cliché presque totalement noir, exposées ensuite sous ce cliché, fourniront naturellement un positif dans lequel toutes les parties protégées par les noirs du cliché seront blanches. Nous aurons alors une reproduction, en teintes directement proportionnelles, du modèle photographié.

Il existe de nombreuses méthodes de photographie positive; les unes ont pour base le gélatino-bromure d'argent, les autres l'albuminate d'argent, le chlorure de platine et enfin le bichromate de potasse, sur l'emploi duquel est basée la phototypie.

Ce livre n'étant pas un traité complet de photographie, nous ne nous occuperons ici que des procédés vraiment pratiques pour l'amateur, de ceux qui permettent d'obtenir, le plus simplement possible, les meilleures épreuves positives. Et, disons-le tout de suite, chacun des procédés que nous allons exposer présente des avantages particuliers qui le feront choisir dans certains cas et rejeter dans d'autres. La photographie sur papier albuminé, par exemple, excellente pour les épreuves d'essai, pour les portraits, devrait être absolument rejetée par le paysagiste, à cause de son *glacé* désagréable et peu artistique. Elle ne convient nullement non plus pour les reproductions de dessins, plans et gravures, toujours pour la même raison. J'ajouterai enfin que ce procédé, qui demande de longues manipulations, est loin de donner des épreuves inaltérables.

La photographie aux sels de platine, beaucoup plus artistique, se prête admirablement aux reproductions de dessins et de gravures, aux portraits et groupes de dimensions un peu grandes, mais elle présente toujours des tons un peu froids, un peu gris, qui en font un mode imparfait de reproduction pour le paysage.

Quant à la phototypie, dont les manipulations jusqu'ici compliquées avaient écarté le simple amateur, elle vient d'entrer dans le domaine pratique, grâce aux perfectionnements apportés dernièrement par la compagnie de l'autocopiste, et c'est le procédé que nous recommandons le plus particulièrement à ceux qui veulent l'inaltérabilité des épreuves, la variété des tons et des papiers, en un mot, l'appropriation à chaque cliché des conditions qui devront lui donner toute sa valeur et toutes ses qualités.

Nous allons exposer successivement la préparation : 1° des épreuves sur papier albuminé et salé; 2° des épreuves sur papier platinotypique; 3° des épreuves sur papier au gélatino-bromure; 4° des épreuves phototypiques. Quant aux procédés au charbon et aux autres similaires, nous les écarterons comme trop compliqués et trop peu pratiques, en renvoyant le lecteur aux traités spéciaux sur le sujet.

Châssis-presse. — Le matériel pour l'obtention des épreuves positives varie naturellement avec chaque procédé et est toujours d'ailleurs peu considérable. Quelle que soit la méthode à laquelle on donnera la préférence, il sera nécessaire de se procurer un ou deux châssis-presses. Ce sont des instruments destinés à exposer à la lumière, étroitement accolés l'un à l'autre, le cliché négatif et la surface destinée à recevoir l'impression positive.

Le châssis-presse le plus simple se compose d'un cadre en bois haut de cinq ou six centimètres et muni sur une de ses faces d'une glace forte. Sur cette glace, on pose d'abord le cliché, la face sensible tournée en haut; on lui superpose ensuite le papier sensible, de façon que les deux surfaces préparées soient en contact, puis on recouvre le tout d'un coussin de feutre ou de papier. Une planchette double articulée, s'enfonçant dans le cadre par-dessus le tout et maintenue par des ressorts, assure la pression. La planchette est articulée, afin de permettre à l'opérateur de suivre la venue de l'image sans déranger les rapports du cliché et du papier sensible. Il suffit, en effet, de soulever un des pans de la planchette et de jeter un coup d'œil sur une moitié du papier, tandis que l'autre est fortement maintenue contre le cliché par le second pan.

Ce dispositif varie naturellement selon les constructeurs ; le cadre est plus ou moins haut, les ressorts sont plus ou moins compliqués, mais le principe reste le même. Quant aux châssis-presses, dits *anglais*, dans lesquels il n'existe pas de glace forte et où, par conséquent, c'est le cliché sur

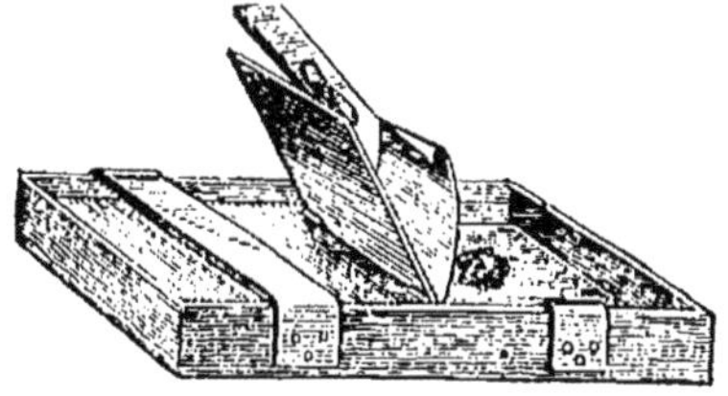

Fig. 44. Châssis-presse pendant qu'on examine l'impression.

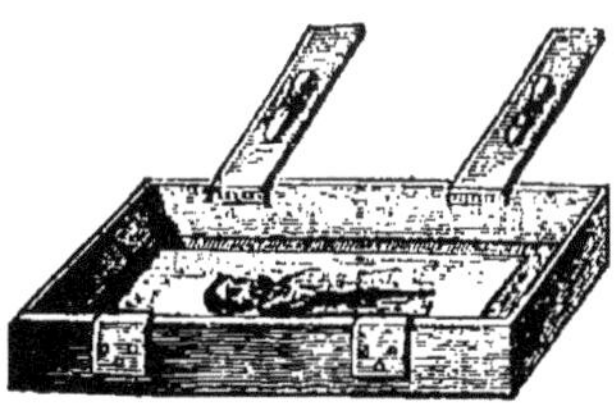

Fig. 45. Châssis-presse ouvert
pendant qu'on le charge.

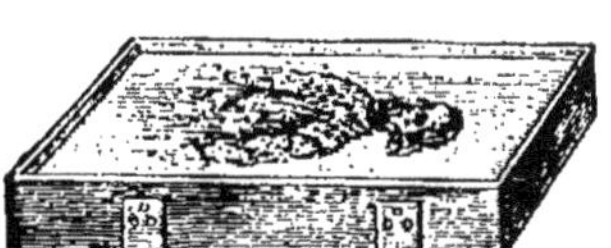

Fig. 46. Châssis-presse fermé
exposé à la lumière.

verre qui en tient lieu, nous n'en conseillons pas l'emploi. D'abord, parce que l'on a tout intérêt à se procurer un châssis plus grand que ses clichés, de façon à pouvoir se réserver des marges sur l'épreuve même, tirer sur papier gélatiné, etc.; ensuite parce que le cliché n'est pas toujours fixé à une glace et que, dans ce cas, on doit en mettre d'abord une qui n'est pas toujours rigoureusement plane et propre.

Cuvettes. — Je ferai la même recommandation en ce qui concerne les cuvettes, c'est-à-dire qu'on devra les acheter de grandes dimensions. Celles en carton durci conviennent très bien pour toutes les manipulations positives.

Épreuves positives sur papier albuminé.

Le papier albuminé se trouve tout préparé dans le commerce et l'on est même parvenu à le sensibiliser et à le conserver ainsi en bon état pendant des mois, à la condition de le tenir dans un endroit bien sec. Je suppose donc que le lecteur se procure son papier albuminé et sensibilisé.

On commence par se rendre compte de la manière dont la feuille devra être coupée pour fournir le plus d'épreuves possible; puis, on la plie en ayant soin de coucher la face sensible sur la face sensible; de cette façon, on évite de tacher celle-ci par le contact des doigts, puisqu'on ne manipule la feuille qu'en la prenant par le verso non sensibilisé. On coupe ensuite avec un couteau à papier en bois ou en os et l'on réunit toutes les feuilles en un petit paquet que l'on enveloppe d'abord dans du papier jaune, puis dans du gros papier d'emballage. Le paquet ainsi obtenu est conservé dans un châssis-presse ou dans un gros livre à l'abri de l'humidité.

Tenu bien au sec, ce papier se garde des mois intact et peut être employé même s'il a contracté une légère teinte jaunâtre qui disparaît au fixage des épreuves.

Impression des épreuves. — Après avoir bien nettoyé la glace du châssis-presse, ainsi que l'envers du cliché, s'il est sur verre, on dépose celui-ci, la couche gélatinée en haut, sur le milieu de la glace du châssis; on prend une feuille de papier sensible et on l'applique la face brillante en bas contre le cliché; on met le coussin, la planchette et l'on ferme.

L'impression des épreuves doit toujours se faire à l'ombre, à moins que l'on n'ait affaire à des clichés très durs et à des noirs très opaques. Elle dure, en général, de une à deux heures et se suit d'ailleurs aisément, d'abord sur les marges du papier qui dépassent un peu le cliché, puis sur l'épreuve elle-même, que l'on examine de temps à autre en ouvrant un des côtés du châssis.

Les épreuves insolées sont conservées dans l'obscurité jusqu'au moment où l'on en a une provision suffisante pour les virer et les fixer toutes ensemble. Le papier sensibilisé du commerce présente du reste cet avantage, c'est qu'il se garde aussi bien avant qu'après l'insolation.

C'est au moment de l'impression des épreuves positives que l'opérateur produit certains effets, tels que le dégradé, les nuages artificiels, etc. Ces tours de mains étant les mêmes pour tous les genres d'impressions positives, je vais en dire quelques mots ici, en priant le lecteur qui désire les appliquer aux procédés suivants de vouloir bien les relire dans ce chapitre.

On nomme épreuves en dégradés ou simplement dégradés, des épreuves et en particulier des portraits dont on fait disparaître une partie du fond, de sorte que le sujet se trouve entouré d'une ombre qui, plus ou moins forte autour des contours de celui-ci, va en s'atténuant de plus en plus vers les bords de l'épreuve.

Il existe plusieurs manières de faire des dégradés; la plus simple consiste à découper dans une feuille de papier fort une ouverture affectant la forme générale du sujet, mais beaucoup plus large. On place cette feuille de carton à quelques centimètres au-dessus du châssis pendant l'insolation à l'ombre, et l'on a soin de déplacer très légèrement cet écran pendant la durée de l'impression. L'on comprend que, de cette manière, les bords de l'épreuve, ne recevant pas l'action de la lumière, demeurent parfaitement blancs, tandis que toute la partie correspondante aux bords de l'ouverture subit une impression en demi-teinte, résultant de la pénombre projetée par ces bords.

L'on peut encore faire sur une grande feuille de papier et à l'estompe un ovale, noir au centre et à bords dégradés, que l'on photographie ensuite à la grandeur voulue. L'on obtient ainsi un cliché à centre transparent qui se pose sur le châssis-presse pendant l'insolation et protège les bords de l'épreuve à dégrader.

Les nuages artificiels s'obtiennent de deux manières; si l'on a un cliché dont le ciel soit légèrement transparent et qui devra, par conséquent, se traduire en gris sur les épreuves, on peut l'éclaircir en y semant quelques nuages. Pour cela, on trempe un pinceau dans de la gouache jaune ou dans du vernis à la gomme laque additionné de chrysoïdine et l'on figure *au dos du cliché* quelques nuages. Cette opération réussit très bien et n'exige pas l'habileté qu'on pourrait supposer. L'épaisseur du verre qui sépare la couche de gouache de la couche sensible suffit à en adoucir les contours et à donner à ces nuages artificiels le moelleux nécessaire. Mais si l'on opérait sur un cliché très mince, un cliché sur gélatine par exemple, il vaudrait mieux figurer les nuages sur une glace propre que l'on déposerait sur le châssis-presse pendant l'insolation.

Une autre manière plus artistique et plus vraie d'obtenir des nuages dans un paysage consiste à faire des clichés à ciel bien opaque, donnant des épreuves à ciel blanc, puis à imprimer sur les épreuves un second cliché fait sur des nuages. Ces clichés de nuages s'obtiennent aisément en mettant l'horizon au point par un jour un peu nuageux et en posant très peu. Pour les imprimer sur une épreuve qui porte un paysage quelconque, on découpe une silhouette de celui-ci en ne laissant que le ciel à découvert, on applique cette silhouette sur l'épreuve et on lui superpose le cliché de nuages. De cette façon, le ciel seul subit l'impression à travers le second cliché et se garnit de nuages.

Il va sans dire que ces tours de main dépendent entièrement du goût et du tact de l'opérateur et qu'il faut éviter, comme le dit si bien Robinson, de faire courir des nuages en sens inverse du vent ou de les éclairer juste à l'opposé du paysage.

Virage. — Les épreuves insolées doivent encore subir deux opérations avant d'être insensibles aux rayons lumineux. La première a pour but de leur donner un ton agréable à l'œil, c'est le virage; la seconde, d'enlever le sel d'argent en excès qui continuerait à noircir sous l'action du jour, c'est le fixage.

Pour virer les épreuves, on prépare trois grandes cuvettes; la première contient de l'eau pure, la seconde le bain de virage, la troisième encore de l'eau.

Le bain de virage se compose de :

1° Eau distillée. . . . . 1 litre.
   Chlorure d'or . . . . 1 gramme.

Cette solution se conserve indéfiniment dans l'obscurité.

2° Eau distillée. . . . . 1 litre.
   Acétate de soude fondu . 30 grammes.

Les deux solutions sont gardées séparément en réserve. La veille du jour où l'on devra s'en servir, on les mélange à parties égales; l'on observe alors que le bain est devenu incolore de jaune pâle qu'il était. A ce moment seulement, il est bon pour l'usage.

Les épreuves sont toutes mises à tremper dans la première cuvette d'eau pure; elles y dégorgent et forment des nuages épais de chlorure d'argent résultant de l'excès d'azotate d'argent qu'elles contenaient et qui se combine avec les sels de l'eau de lavage. On renouvelle cette eau de temps à autre, en prenant garde de ne pas froisser les épreuves.

Quand on juge le lavage suffisant, on prend chaque épreuve une à une et on la porte dans le bain de virage que l'on maintient dans une continuelle agitation. Il ne faut pas virer trop d'épreuves à la fois. Le ton rouge du papier passe peu à peu au bleu ou au violet. A ce moment, l'épreuve est retirée du bain de virage et jetée dans la troisième cuvette d'eau pure où elle séjourne quelques minutes.

Fixage. — On a préparé avant de commencer le virage un bain abondant d'une solution d'hyposulfite de soude à 10 % que l'on verse dans une grande cuvette placée à l'écart des trois autres. Les épreuves qui ont été virées et lavées y sont jetées une à une et laissées dans ce bain pendant dix ou quinze minutes environ. Il est essentiel de se rappeler que la moindre trace du bain d'hyposulfite gâte irrémédiablement le bain de virage et les épreuves qu'il contient; par conséquent, on ne transportera jamais une épreuve de l'hyposulfite dans le bain d'or.

Les épreuves perdent un peu de leur valeur au fixage et y deviennent insensibles à l'action de la lumière. On les en retire après un quart d'heure et on les jette dans une grande cuvette pleine d'eau.

Lavage. — Toute épreuve qui contient une trace d'hyposulfite, après le séchage, est fatalement destinée à se tacher et à jaunir; par conséquent, les épreuves qui ont été fixées doivent séjourner dans un courant d'eau renouvelée pendant cinq ou six heures. On fabrique dans ce but des cuvettes perfectionnées qui facilitent et abrègent beaucoup cette

7

phase des opérations positives; mais, en général, l'amateur se bornera à faire couler, pendant quelques heures, un filet d'eau continu sur les épreuves immergées dans une cuvette, ou, s'il ne dispose pas d'un robinet à écoulement continu, il changera l'eau le plus souvent possible pendant cinq heures. Il faut éviter de prolonger outre mesure le lavage, ce qui a l'inconvénient de ternir un peu l'éclat du papier; mais, d'autre part, il vaut mieux encore tomber dans cet excès que de s'exposer à voir survenir rapidement la détérioration de ses positives.

Découpage et montage des épreuves. — Après le lavage, les épreuves sont intercalées entre les feuilles d'un cahier de papier buvard épais et abandonnées sous presse à la dessication; dans ce cas, elles gardent leur planimétrie. Ou bien on les enlève encore humides du buvard et on les sèche devant un feu vif qui leur donne plus de ton et d'éclat.

On les prend alors une à une, on les dépose sur une glace ou une feuille de zinc, et, à l'aide d'une équerre en glace et d'un canif bien aiguisé, on les découpe à la dimension voulue.

Les épreuves découpées sont entassées les unes sur les autres, les plus grandes en dessous, et la face imprimée tournée en bas. Avec un gros pinceau plat, on enduit de colle de pâte bien fraîche celle qui se trouve au-dessus du paquet, on la colle sur un carton, puis on passe à la seconde, et ainsi de suite.

En collant l'épreuve, il faut, autant que possible, déposer celle-ci, sans tâtonnement, bien en place, en la laissant s'appliquer pour ainsi dire d'elle-même, puis couvrir d'une feuille de papier propre et frotter en tous sens avec un tampon de linge ou un mouchoir.

Les opérations positives sont terminées; mais si l'on peut disposer d'une presse à satiner, les épreuves gagnent en éclat et en brillant par un léger cylindrage après dessication complète.

Épreuves sur papier platinotypique.

Dans ce procédé, la matière sensible qui reçoit l'impression lumineuse, n'est plus un sel d'argent, mais un sel double de platine et de fer.

Le papier au platine ou platinotypique est d'une préparation longue et difficile, et comme il se trouve tout préparé dans le commerce, le mieux est de l'acheter sous cette forme. On le vend en grandes feuilles dont le côté sensibilisé est facilement reconnaissable à sa couleur jaune.

Extrêmement sensible à l'humidité, ce papier ne garde pas longtemps ses qualités et même, gardé dans l'air presque absolument sec, il donne, au bout de quelque temps, des images grises et sans vigueur; on fera donc bien de n'en acheter que de petites quantités à la fois et de l'utiliser le plus rapidement possible. Il est bon de se procurer deux étuis en fer-blanc avec réservoir à chlorure de calcium; dans l'un on gardera le papier non impressionné, dans l'autre les épreuves insolées et non développées. En faisant sa commande de papier au fabricant, on lui envoie un étui pour l'emballage du papier en air sec.

Malgré ce désavantage manifeste, le procédé au platine est véritablement un procédé artistique, admirable pour les grands portraits, les dessins, les plans; son ton gris se rapproche beaucoup de celui du crayon ou de l'encre de Chine, et donne aux épreuves un cachet qui manque souvent à celles à l'argent. Un autre avantage de ce procédé, c'est d'exiger très peu de manipulations et de perte de temps.

Impression. — On se sert d'un châssis-presse ordinaire, mais on a soin de déposer immédiatement au-dessus du papier sensible une feuille mince de caoutchouc pour prévenir l'accès de d'humidité.

La surface sensibilisée du papier platinotypique ne noircit
pas à la lumière comme celle du papier albuminé à l'argent;
aussi est-il assez difficile de suivre la venue de l'image.
Avec un peu de pratique, on se rendra pourtant assez rapidement compte du temps de pose nécessaire et l'on reconnaîtra qu'il est suffisant quand les grands noirs de l'épreuve
apparaîtront en brun très pâle sur l'épreuve insolée. Ce
papier étant plus sensible que le papier albuminé au nitrate
d'argent, on tirera toujours à l'ombre.

Développement. — L'image n'existe encore qu'à l'état
imparfait et presque latent sur les épreuves insolées. Pour
la faire apparaître, il suffit de les mettre en contact avec
une solution d'oxalate neutre de potasse dans de l'eau distillée.

On se procure une cuvette en tôle émaillée de la dimension de ses épreuves et pouvant aller au feu. Cette cuvette
est remplie à moitié d'une dissolution saturée d'oxalate
neutre de potasse *parfaitement pur* portée à une température de 80° environ et maintenue en cet état par une veilleuse.

Les épreuves sont sorties une à une du cylindre à chlorure.
On les prend par deux de leurs bords opposés et on les
dépose rapidement à la surface du bain, puis on les relève
rapidement pour éviter les bulles d'air et on les fait flotter
de nouveau. Le développement a lieu instantanément et est
complet en deux ou trois secondes.

L'épreuve est enlevée du bain, jetée dans la cuvette de
lavage et l'on continue ainsi le développement de toutes les
épreuves insolées.

Le bain d'oxalate peut servir indéfiniment; on l'entretient
en y ajoutant de temps à autre un peu d'eau distillée pour

compenser celle qui se perd par l'évaporation et un peu d'acide oxalique pour le maintenir très légèrement acide.

Lavage. — Après le développement, les épreuves sont jetées dans une grande cuvette contenant :

Eau de fontaine. . . . . 1 litre.
Acide chlorhydrique . . . 10 gr.

Elles y perdent leur coloration jaunâtre. On renouvelle ce bain à plusieurs reprises, de dix minutes en dix minutes, jusqu'à ce qu'il ne soit plus coloré en jaune par les sels du papier et on termine enfin par un lavage à l'eau pure de vingt à trente minutes.

Montage. — Le découpage et le montage de ces épreuves s'effectue comme nous l'avons indiqué pour le procédé précédent. Si l'on désirait retoucher à l'encre de Chine certaines parties des épreuves, ou s'en servir comme dessous pour faire de l'aquarelle, on les passerait, avant de les faire sécher, dans une dissolution de gélatine à 2 %, de façon à les encoller légèrement.

Épreuves sur papier au gélatino-bromure d'argent par contact du cliché ou par agrandissement.

Le gélatino-bromure d'argent, sur l'emploi duquel est basée toute la photographie négative moderne, peut aussi servir à la préparation d'un papier destiné à donner des épreuves positives. Il n'est pas besoin de beaucoup insister pour faire comprendre les avantages d'un procédé dont la rapidité permet la suppression complète de la lumière solaire remplacée par celle du gaz ou du pétrole. Grâce à cette rapidité, les agrandissements, si difficiles à aborder autrefois, peuvent aujourd'hui s'obtenir couramment, et, à ce titre, le procédé au gélatino-bromure positif peut être considéré comme le complément indispensable de la photographie instantanée à l'aide des petits appareils portatifs.

Nous recommandons tout particulièrement le papier positif Eastmam, que l'on trouve, à Paris, dans la maison Nadar, et nous allons donner ici la manipulation que recommande pour son emploi le savant artiste.

Le papier au gélatino-bromure positif se vend par paquets de douze feuilles, coupées à toutes les dimensions. Il sera donc facile de choisir le format correspondant à celui de ses clichés ou à la dimension de l'agrandissement que l'on veut obtenir.

Exposition à la lumière. — La durée de l'impression varie de une seconde à la lumière diffuse du jour, à dix secondes à celle du gaz. Le papier s'applique contre le cliché dans un châssis-presse, comme nous l'avons déjà indiqué.

Développement. — Le papier impressionné est jeté dans un bain composé de :

1° Oxalate neutre de potasse. .	25 gr.
Eau distillée	100 gr.
Acide citrique	1 gr.
2° Sulfate de fer pur	30 gr.
Eau distillée.	100 gr.
Acide citrique	2 gr.

On mélange 100 gr. de la solution n° 1 à 15 gr. de la solution n° 2 et l'on y ajoute 2 gr. d'une solution de bromure de potassium à 2 %.

Le développement de l'image s'effectue comme celui d'un

négatif, mais on aura soin de tremper le papier pendant quelques minutes dans l'eau pure avant de le mettre dans le bain.

Lavage acide. — L'épreuve complètement développée *et non lavée*, est passée dans une solution fraîche d'acide acétique à 2 p. 1000, que l'on renouvellera trois fois à une minute d'intervalle.

Fixage. — On passe l'épreuve au sortir du bain acide dans l'eau pure, pendant quelques minutes, puis on la jette dans une solution fraîche d'hyposulfite de soude à 15 %, où elle séjourne dix minutes.

Lavage. — Il ne reste plus qu'à laver longuement les épreuves, comme si l'on opérait sur des clichés négatifs, car les mêmes causes de destruction pourraient venir compromettre leur durée, et enfin on les laisse sécher en les suspendant à l'air libre.

Toutes les opérations relatives à ce papier sensible doivent naturellement, et vu sa grande sensibilité, s'effectuer dans le laboratoire éclairé à la lumière rouge.

Agrandissements.

Si, au lieu d'imprimer directement le papier au gélatino-bromure d'argent, par contact, sous un cliché, nous projetons sur sa surface l'image agrandie de ce cliché, nous aurons une épreuve positive d'autant plus grande que l'écartement entre le cliché et le papier sensible sera plus considérable. Nous pourrons donc, par ce moyen, n'obtenir que des clichés de petite dimension en nous servant d'une chambre noire portative et les agrandir au laboratoire par le moyen d'une simple lanterne à projection.

La lanterne à projection la plus simple se compose d'une lampe projetant ses rayons sur une grande lentille condensatrice plan-convexe. Au-devant de la lentille condensatrice se trouve le cliché et les rayons lumineux qui le traversent passant à travers l'objectif vont en former sur un écran une image plus ou moins agrandie.

Quelques recommandations sur l'emploi de cet appareil sont ici nécessaires. La lampe à pétrole suffit comme source d'éclairage, si l'on ne doit pas dépasser les dimensions de 45×30 en positif. Le cliché obtenu sur verre ou sur feuille de gélatine devra être placé bien perpendiculairement dans son cadre en bois. Si l'on opère sur un cliché en gélatine, on le collera provisoirement à une lame de verre mouillée d'un peu de glycérine. Un lavage à l'eau pure suffira pour l'en débarrasser ensuite.

On commence par mettre le cliché bien au point sur un écran blanc placé contre un mur ou sur un chevalet. En reculant ou en avançant plus ou moins l'appareil, on grandit ou on rapetisse à volonté l'image formée sur l'écran.

Quand l'image ainsi obtenue est bien au point et uniformément éclairée, on couvre l'objectif en ayant soin qu'aucun rayon de lumière ne filtre dans la pièce, puis on remplace la feuille blanche de l'écran par une feuille de papier au gélatino-bromure. On débouche l'objectif et on laisse l'impression se produire.

Le temps de pose varie naturellement selon l'intensité de force de l'éclairage. Connaissant le temps nécessaire pour l'impression d'un positif par contact, on pourra le déduire en multipliant ce temps par la surface de l'agrandissement.

Le développement s'effectue, suivant les formules précédentes, dans de grandes cuvettes en tôle émaillée, d'une dimension proportionnée à celle des épreuves.

Lorsque l'on ne fait qu'accidentellement des agrandissements photographiques, l'écran le plus simple consiste en
une planche à dessin que l'on fixe au mur au moyen de
quatre crochets et sur laquelle on cloue, avec des punaises,
une feuille de papier blanc ou la feuille de papier sensible;

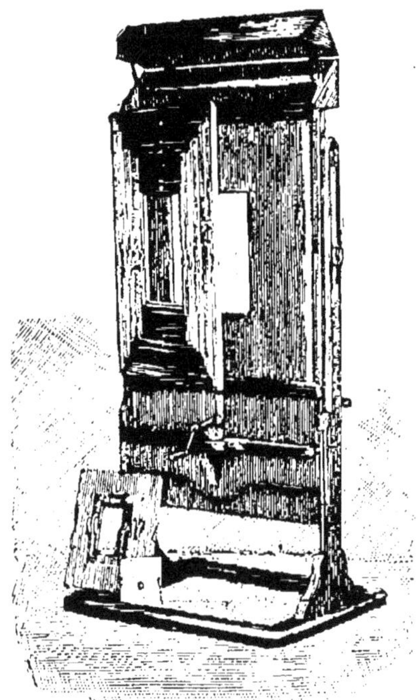

Fig. 47. Chevalet vertical Nadar
avec magasin supérieur pour le papier sensible.

mais à ceux qui désireraient se livrer d'une façon continue
à ce genre de photographie, je conseille l'emploi de l'écran
Nadar avec magasin à papier. Ce magasin se compose d'une
boîte rectangulaire, dans l'intérieur de laquelle le papier

sensible est enroulé. Une fente permet d'en faire sortir la quantité voulue, qui est coupée au ras de la boîte exposée et enfin détachée.

Retouche des agrandissements. — Quelle que soit la perfection du cliché négatif, ses piqûres, ses défauts grossis par l'appareil, nécessitent une retouche assez considérable du positif qui en dérive. Cette retouche qui dépend naturellement de l'habileté de l'opérateur, s'exécute très facilement au pinceau sur la gélatine au moyen de teinte neutre composée d'encre de Chine, de sépia et d'une pointe de carmin.

Épreuves phototypiques par l'autocopiste.

Dans tous les procédés que nous venons de passer en revue, l'épreuve était obtenue par la décomposition, la réduction d'un sel métallique déposé à la surface d'un papier et impressionné directement sous le cliché négatif. Par conséquent, autant l'on désirait d'épreuves, autant d'insolations il fallait faire.

Les procédés phototypiques, au contraire, sont basés sur cette propriété découverte par Poitevin que la gélatine bichromatée, insolée derrière un cliché, puis lavée, acquiert la propriété de retenir l'encre grasse d'impression, seulement sur les points atteints par la lumière et avec une intensité proportionnelle à l'action de celle-ci. La première épreuve obtenue par insolation sous le cliché sert donc ici de planche d'impression, puisqu'il suffit de l'encrer et de la presser contre une feuille de papier autant de fois que l'on en veut d'épreuves.

Jusqu'à ces dernières années, la phototypie était restée, par suite de certaines difficultés pratiques, dans le domaine industriel. Elle exigeait, en effet, beaucoup d'habitude, l'emploi de puissantes presses à rouleau et de glaces ou de plaques de cuivre parfaitement planées. Mais l'on a eu récemment l'idée d'appliquer un petit appareil d'impression, l'autocopiste, à la reproduction des photographies, et les résultats obtenus font bien augurer de l'avenir de ce procédé commode et rapide, qui permet à l'opérateur de varier à l'infini la coloration et l'aspect de ses épreuves, de leur donner à volonté le brillant des épreuves albuminées, si favorable aux reproductions d'objets très détaillés, et au contraire, le mat de la platinotypie propre aux travaux artistiques.

La matière sur laquelle on opère est une couche de gélatine étendue sur une feuille de papier parchemin. Ces feuilles se trouvent toutes préparées dans le commerce. Au moment de s'en servir, on les sensibilise sur un bain de bichromate; puis on les expose à la lumière sous un cliché, on les lave, on les tend sur l'autocopiste, et enfin l'on procède à l'encrage et au tirage sous une simple presse à copier les lettres.

Voici maintenant le détail des opérations.

Sensibilisation du papier gélatiné.

On prend une feuille de parchemin gélatiné, d'une dimension appropriée à celle de l'autocopiste, et on la plonge dans un bain de bichromate de potasse, à 2 %, pendant deux minutes environ. Elle y devient parfaitement souple. Éviter les bulles d'air.

On prend une glace propre, on la frotte avec un tampon de talc, on l'essuie et on y dépose la feuille de parchemin, gélatine en dessous. On chasse l'excès d'eau avec une raclette en caoutchouc et on laisse sécher à l'abri de la lumière, dans un lieu bien aéré. La dessiccation s'effectue en douze heures.

Insolation.

On enlève le parchemin qui se sépare facilement de la
glace, et on l'expose dans un châssis-presse à la lumière
diffuse sous le cliché à reproduire. Comme la feuille de parchemin gélatiné ne sera point l'épreuve définitive, mais est
destinée à donner de nouvelles épreuves par contact, il est
indispensable, si l'on veut avoir les épreuves dans leur vrai
sens, de se servir d'un cliché *retourné* ou d'un cliché sur
feuille de gélatine.

L'insolation à la lumière diffuse exige de trois à sept
heures. Elle se suit facilement sur la gélatine, car l'image y
apparaît dans tous ses détails, en brun sur jaune clair.

Lorsqu'on juge l'impression achevée, et il vaut mieux en
exagérer un peu la durée, on enlève la feuille du châssis,
on en sort aussi le cliché, puis on y remet aussi la feuille
de parchemin gélatiné seule, mais l'envers tourné du côté de
la lumière, et on l'expose ainsi à la lumière diffuse pendant
dix ou quinze minutes. L'image qui se voyait par transparence se voile et disparaît. Cette opération a pour but
d'assurer l'adhérence de la gélatine et du parchemin en in-
solubilisant d'une façon générale la couche la plus profonde
de celle-là.

Lavage.

La feuille de parchemin impressionnée est lavée à grande
eau pendant trois ou quatre heures, jusqu'à disparition
complète de toute trace de coloration jaune, puis séchée à
l'air libre sur une planchette où on la maintient par quelques épingles.

Montage de la planche sur l'autocopiste.

L'autocopiste se compose d'un cadre en bois sur lequel vient s'ajuster un second cadre maintenu au premier par des bascules. Le cadre supérieur, en s'appliquant sur le cadre inférieur, maintient solidement la feuille de parchemin, mais comme celle-ci ne serait pas assez tendue, on introduit par sa partie inférieure un bloc de bois un peu

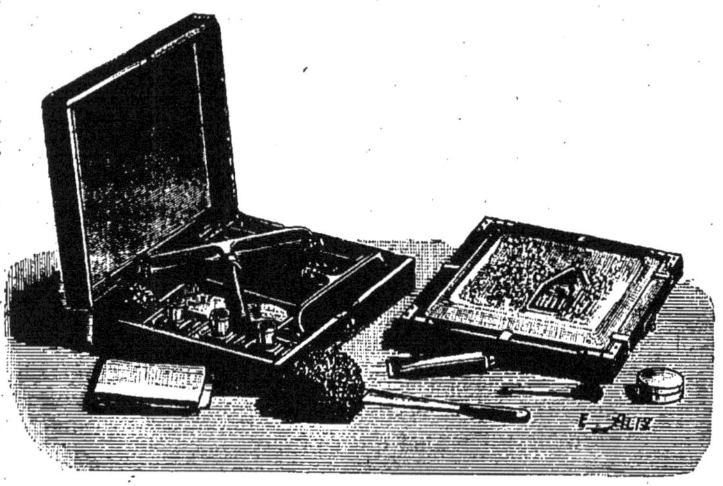

Fig. 48. Autocopiste et ses accessoires.

plus élevé que le tout, bloc qui vient soulever légèrement la feuille et lui donner une planimétrie absolue. Un volet fixé au cadre inférieur maintient ce bloc.

Pour fixer le parchemin gélatiné sur l'autocopiste, on commence par le ramollir en le faisant tremper dans l'eau pendant quinze à vingt minutes, puis on ouvre le cadre mobile supérieur, on enlève le bloc de bois, ainsi que le feutre et la feuille de zinc qui le recouvrent, on met le parchemin sur le châssis, on replace le cadre et on ferme la bascule.

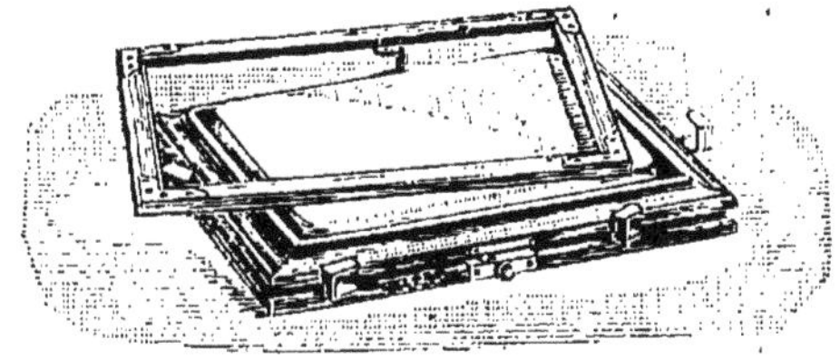

Fig. 49. Autocopiste ouvert.

Ouvrant alors le volet inférieur, on y dépose le bloc de bois, couvert d'abord du feutre, puis de la feuille de zinc,

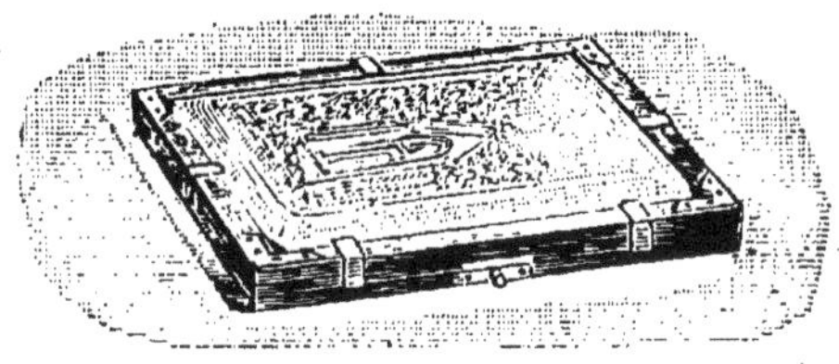

Fig. 50. Le même, muni d'un parchemin et disposé pour le tirage.

et enfin on ferme le volet qui se trouve maintenu par un verrou.

La feuille est tendue et prête pour l'encrage.

Encrage.

Le parchemin, bien tendu sur le châssis, sera premièrement couvert d'une couche de glycérine, qui est enlevée à l'éponge au bout d'une demi-heure de contact et remplacée par la solution suivante :

Eau.	300 gr.
Glycérine.	700 —
Ammoniaque.	30 cc.
Nitrate de potasse	15 —

On laisse agir cette solution également une demi-heure; on éponge parfaitement; puis, à l'aide d'un tampon de linge bien fin et souple, on fait disparaître toute trace d'humidité apparente : notons qu'il faut bien se garder de frotter, car on risquerait alors de rayer et même de déchirer la couche de gélatine; on se servira donc du linge, en tamponnant la surface dans toutes ses parties.

Prenez avec le couteau à palette, gros comme un petit pois d'encre, ajoutez-y le tiers de son volume de vernis, et mélangez le tout avec le couteau sur une des plaques à encrer, de façon à obtenir une pâte bien homogène.

Passez maintenant à plusieurs reprises un des rouleaux sur la plaque à encrer; lorsque le rouleau est bien imprégné d'encre, promenez-le sur la deuxième plaque dans tous les sens, jusqu'à ce qu'il ait déposé sur celle-ci son excédent d'encre et que la couche de noir s'étende uniformément et sans aucune épaisseur.

Cette seconde plaque servira à alimenter d'encre le rouleau pendant le tirage, et ce n'est que lorsqu'elle sera épuisée qu'il faudra en reprendre sur la première. En un mot, il faut encrer avec très peu d'encre au rouleau.

On pourrait maintenant procéder au tirage : cependant le résultat est meilleur en passant légèrement sur l'épreuve un second rouleau imprégné d'encre plus fluide et composée de noir, d'encre photographique et de vernis qu'on mélange parfaitement; l'application de cette encre fera ressortir les demi-teintes qui ne se sont pas montrées au premier encrage, et lui communiquera la teinte chaude d'une photographie.

L'image amenée au point voulu, on l'encadre d'abord de quatre bandes de papier mince, qui forment ainsi les marges; on applique par-dessus la feuille de papier destinée à recevoir l'image; on la recouvre d'un bristol mince, d'un feutre et d'une planchette; on place le tout sous la presse à copier et on donne la pression. La pression doit enlever toute l'encre du parchemin.

On continue le tirage en passant à chaque fois sur le parchemin une éponge imbibée de bain mouilleur; on tamponne avec les linges et on recommence l'encrage.

Généralement les quatre ou cinq premières épreuves viennent rarement parfaites; ou bien le parchemin est trop humide et prend l'encre difficilement, ou bien il manque d'humidité suffisante et l'encre s'attache même sur les blancs; dans le premier cas, il suffit de tirer quelques épreuves pour sécher la couche; dans l'autre cas, on emploie le bain mouilleur.

Quand l'épreuve est trop chargée d'encre, on l'enlève à l'essence de térébenthine à l'aide d'un linge fin; on lave ensuite à l'eau simple, puis au bain mouilleur; on sèche au tampon de linge, on passe le rouleau et on continue le tirage.

En cessant le travail, on devra laver le parchemin à l'essence de térébenthine, l'essuyer. On le retire du châssis, on le met tremper dans une cuvette d'eau additionnée d'un peu d'éther. Après quinze à vingt minutes, on le retire pour le laisser sécher entre deux buvards.

Les rouleaux seront également lavés à l'essence de térébenthine, ainsi que les plaques à encre.

Pour reprendre le travail le lendemain, ou plus tard, recommencer les opérations déjà décrites.

Le parchemin ainsi que les rouleaux doivent être tenus rigoureusement à l'abri de l'humidité; ils seront donc conservés dans un endroit bien sec.

Quelquefois les rouleaux, après quelques lavages, refusent de prendre l'encre : ils deviennent brillants par places ; il faut alors les laver à l'essence de térébenthine ; les essuyer, puis les frotter avec une éponge imbibée d'une solution d'alun à 10 %, et les laisser sécher spontanément.

Encrons maintenant l'épreuve, en passant le rouleau sur le parchemin, d'abord de bas en haut, puis dans tous les sens, en appuyant très fortement et lentement, jusqu'à ce que l'image apparaisse bien encrée dans toutes ses parties ; continuer alors à passer le rouleau, mais légèrement et rapidement ; cela a pour effet d'éclaircir l'épreuve et de faire disparaître la légère couche de noir qui s'est attachée aux blancs. En conséquence, pénétrons-nous bien de ce principe :

Le rouleau passé lentement, en appuyant, dépose l'encre. Le rouleau passé rapidement, sans pression, enlève l'encre.

Tels sont les principaux procédés au moyen desquels l'on obtient le plus facilement de bonnes épreuves positives ; mais il n'est pas à dire cependant qu'il n'en existe pas d'autres. Les ressources de la photographie s'étendent chaque jour davantage ; débarrassée de ses manipulations les plus compliquées et les plus difficiles, cette branche de l'art tend à devenir, entre les mains habiles qui savent s'en servir, un véritable instrument de composition, un mode précis et exact de l'interprétation de la nature. Nous en avons donné les formules et les tours de main ; là s'arrête notre tâche, chacun possède en soi une parcelle, plus ou moins grande, du sentiment et de l'amour du beau, qui constituent l'artiste et le distinguent du manipulateur. Entrer dans des considérations esthétiques serait franchir les limites que nous nous sommes imposées et aborder un sujet beaucoup plus rebelle aux étroites règles de la didactique que ne le sont les manipulations photographiques.

FIN

TABLE DES MATIÈRES

QUATRIÈME PARTIE

ÉPREUVES POSITIVES

TÉLÉPHONE
MICROPHONE ET RADIOPHONE

PAR

THÉODORE SCHWARTZE

Édition française par **G. FOURNIER**

Un volume in-16, 119 figures. Prix . . . .   4 fr.

EXTRAIT DE LA TABLE DES MATIÈRES

Le téléphone à musique.

Le téléphone Reis et sa théorie. — Diapason téléphonique de Varley. — Le cymaphone. — Le condensateur. — La télégraphie téléphonique de Lacour. — Diapason transmetteur de Lacour et récepteur magnéto-électrique de Lacour. — Le téléphone musical d'Elisha Gray. — Récepteur physiologique de Gray. — Condensateur chantant de Pollard et Garnier. — Téléphone condensateur de Jaussen.

Le téléphone magnéto-électrique.

Téléphone Bell et sa théorie. — Le téléphone pour de grandes distances. — Téléphone Siemens. — Téléphone Gower. — Téléphone Ader. — Téléphone simple et téléphone double Fein. — Téléphone Arsonval. — Téléphone Schiebeck et Planz. — Téléphone Ayres. — Téléphone Eaton. — Téléphone Bœtfcher. — Téléphone Elisha Gray. — Téléphone Phelps. — Téléphone Sons. — Téléphone Trouvé. — Action du téléphone en général.

Le téléphone à batterie.

Contact à charbon d'Edison. — Téléphone à charbon de Trouvé et téléphone à fil de fer. — Téléphone hydro-électrique de Richmond. — Téléphone au mercure de Breguet. — Téléphone électro-chimique d'Edison. — Téléphone électrothermique et électrostatique. — Téléphone Dolbear. — Appareil téléphonique pour l'oreille de Dunaud. — Condensateur Dunaud. — Transmetteur d'Hopkin. — Récepteur à membrane de papier de Boudet. — Recherches sur l'accroissement de l'action téléphonique, par Guillemin. — Condensateur téléphonique de Herz. — Téléphone à fil de Thompson.

Le microphone.

Découverte de l'action microphonique par Hughes. — Microphone Lüdtge. — Microphone Berliner. — Appareils microphoniques de Hughes. — Téléphone universel de Lüdtge. — Transmetteur microphonique de Berliner. — Microphone Locht de Labye. — Microphone Blake. — Microphone Crossley. — Microphone Ader. — Microphone à torsion de Dunand.

GEORGES FOURNIER
TERMINOLOGIE ÉLECTRIQUE

Vocabulaire français-anglais-allemand des termes employés en électricité. In-16 broché 1 fr. 50

PREMIÈRE ANNÉE 1888

AIDE-MÉMOIRE

DE

L'INGÉNIEUR-ÉLECTRICIEN

RECUEIL

de tables, formules et renseignements pratiques à l'usage
des électriciens.

PAR

G. DUCHÉ, B. MARINOWITCH, E. MEYLAN
et G. SZARVADY

Ingénieurs des Arts et Manufactures.

Un beau volume in-16, nombreuses figures intercalées dans le
texte, cartonnage anglais. Prix : 6 fr.

TABLE DES CHAPITRES

OUVRAGES SOUS PRESSE

LE TRANSPORT DE LA FORCE
PAR L'ÉLECTRICITÉ
ET SES APPLICATIONS INDUSTRIELLES
Par E. JAPING

Avec notes et supplément par Marcel DEPREZ

Un volume in-16, 49 figures. Prix. . . . . 5 fr.

TABLE DES MATIÈRES

D'URBANITZKI

LES LAMPES ÉLECTRIQUES
ET LEURS ACCESSOIRES

Édition française par Georges FOURNIER

EXTRAIT DE LA TABLE DES MATIÈRES

TRAITÉ
DE
TÉLÉPHONIE INDUSTRIELLE
PAR
Le Dr V. WIETLISBACH
Édition française par P. MARINOWITCH
Ingénieur des Arts et Manufactures.

Un beau volume in-16, 123 figures dans le texte. Prix : 5 fr.

EXTRAIT DE LA PRÉFACE

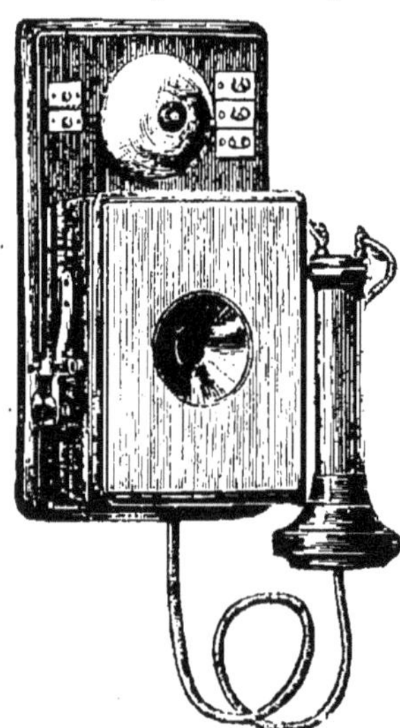

Cet ouvrage a surtout pour objet de faire connaître l'état actuel de la téléphonie considérée au point de vue industriel. — L'auteur s'est borné à mentionner parmi les appareils et les dispositifs très nombreux en téléphonie ceux seulement qui, à sa connaissance, ont reçu une sanction pratique. On ne trouvera dans ce livre aucun développement historique : l'histoire de la téléphonie a déjà fourni à M. Schwartze une ample matière pour le deuxième volume de notre collection. L'auteur a également laissé de côté toutes les applications accessoires si variées auxquelles se prête la téléphonie : mesures électro dynamiques, étude des métaux avec la balance d'induction, expériences physiologiques, etc. Grâce à l'étroitesse extrême du cadre dans lequel il s'est à dessein enfermé, il espère être arrivé à donner aux questions qui intéressent la Téléphonie industrielle tous les développements qu'elles comportent.

TABLE DES MATIÈRES

Les Appareils téléphoniques. — Le Téléphone. — Le Microphone. — Les Microphones, genre Hughes. — Le Microphone Edison. — La Translation du courant. — L'Appel. — Les Piles. — Précautions contre la foudre. — Les postes téléphoniques. — Appareils accessoires. — *Les Lignes.* — Les Lignes Téléphoniques aériennes. — Les Supports. — Le Fil. — Le Bourdonnement des fils. — Induction. — Les Câbles. — La Téléphonie à grande distance. — *Les Bureaux centraux.* — Entrée des Fils. — Les Appareils. — Les Annonciateurs. — Le Commutateur. — Les Commutateurs sans appareils d'appel. — Commutateur pour lignes doubles. — Appareils de service dans les Bureaux centraux. — *Appendice.* — Distribution de l'heure au moyen du Téléphone. — La Téléphonie dans le service des chemins de fer.

PILES ÉLECTRIQUES
THERMO-ÉLECTRIQUES
ET LES ACCUMULATEURS
Par HAUCK
Édition française par Georges FOURNIER

Un volume in-16. Prix . . . . 4 fr.

EXTRAIT DE LA TABLE DES MATIÈRES

L'ÉLECTROLYSE
LA GALVANOPLASTIE ET L'ÉLECTROMÉTALLURGIE
Par E. JAPING
Traduction par Charles BAYE

Un volume in-16, 40 figures. Prix . . . . 4 fr.

TABLE DES MATIÈRES

GUIDE PRATIQUE

DU

SAVONNIER

PAR

E. SAULNIER et G. CALMELS

D'APRÈS F. WILTNER

Un volume in-18, 26 figures dans le texte. Prix : 5 fr.

Il n'existait aucun traité récent simple et complet sur la fabrication des savons. Un des collaborateurs de notre collection, M. Calmels, s'est, avec le concours de M. Eugène Saulnier, chargé de combler cette lacune.

Une introduction contient un historique intéressant, l'auteur remonte aux récits de la Bible, aux Hébreux et aux Phéniciens, arrive ensuite à nos ancêtres les Gaulois que l'on peut, d'après Pline, regarder comme les inventeurs d'un savon, composé de suif, de chaux et de cendres de bois qui fut usité jusqu'à la fabrication de la soude artificielle, la préparation en grand de l'acide sulfurique, et l'emploi des matières grasses.

C'est M. Chevreul qui a tracé nettement les principes chimiques qui ont rapport à la fabrication des savons.

La partie technique comprend la réaction fondamentale de la saponification, les matières employées, la préparation des lessives alcalines, la fabrication et la saponification en général.

On donne ensuite la classification des savons, la fabrication de diverses sortes de savons, médicinaux, de toilette, etc. On décrit les appareils et les manipulations et de nombreuses figures viennent à l'aide du texte. On s'occupe des couleurs et des substances odorantes. Les spécialités de savons de toilette sont traitées avec les plus grands détails. L'ouvrage se termine par l'analyse des savons.

Par ce rapide aperçu, on voit que l'ouvrage est de la plus grande utilité pour les fabricants ; mais il sera précieux pour les personnes que préoccupent les soins de la toilette et qui veulent être éclairées sur la composition des produits qu'elles emploient. Elles pourront ainsi reconnaître les fraudes et s'assurer des qualités hygiéniques des substances. Les parfumeurs, coiffeurs, qui débitent des savons, sont intéressés à connaître la valeur de leurs denrées et à eux aussi le présent livre sera d'un grand secours.

GUIDE PRATIQUE

DU

PARFUMEUR

ODEURS — ESSENCES — VINAIGRES
DENTIFRICES — POUDRES — SACHETS — PASTILLES

PAR

W. ASKINSON

Chimiste parfumeur à Londres.

Un volume in-16, 30 figures dans le texte. — Prix . . . . .   6 fr.

Le grand succès obtenu à l'étranger par l'ouvrage de W. Askinson, nous a décidé à le faire connaître au public français et l'adaptation en a été confiée à un chimiste distingué, M. G. Calmels.

L'auteur a mis son œuvre à la hauteur de l'état actuel de la science, il a décrit les nouvelles méthodes et éclairé ses applications par de nombreuses figures intercalées dans le texte.

Le premier chapitre est consacré à l'histoire de la parfumerie depuis les temps les plus reculés, jusqu'à nos jours. Cet aperçu général est des plus attrayants; il est suivi d'un tableau ou « gamme des odeurs » analogue à celle que nous devons à M. CHEVREUL pour les couleurs.

La partie technique comprend la division des matières odorantes d'origine végétale, les matières végétales aromatiques, les matières animales employées : ambre, musc, civette, etc., les produits chimiques qui servent à l'extraction des matières odorantes et à la fabrication des parfums, la préparation des matières odorantes et leurs propriétés, les essences pour la préparation des extraits.

On traite aussi la question des falsifications des huiles essentielles et des moyens de les reconnaître. Ensuite on aborde la division des articles de parfumerie; on donne les formules pratiques, qualitatives pour la préparation des parfums de mouchoirs, des parfums secs, poudres de senteur, sachets, pastilles fumigatoires orientales, de sérail, etc.

Après l'hygiène de la peau, émulsions, pâtes, lait végétal, crème, viennent l'hygiène du cheveu, le mode de préparation des pommades et huiles capillaires et pour l'hygiène de la bouche les pâtes, poudres et savons dentifrices.

Les derniers chapitres traitent des couleurs employées en parfumerie et des ustensiles usités pour la toilette.

Comme on le voit, ce volume indique les matières usitées pour embellir la peau, pour l'usage des cheveux et de la bouche, pour l'agrément de l'odorat; il donne aussi les moyens de préparer ces substances et de constater leurs falsifications.

Il s'adresse donc non seulement aux spécialistes, aux parfumeurs, aux médecins, aux hygiénistes, mais aussi et surtout à toutes les personnes qui sont soucieuses des qualités hygiéniques des produits employés.

NOUVEAU COURS DE PHYSIQUE

A l'usage des élèves de la classe des mathématiques spéciales.

Par CH. BRISSE et CH. ANDRÉ

DEUXIÈME ÉDITION

Entièrement conforme au nouveau programme d'admission
à l'Ecole polytechnique.

PAR

CH. BRISSE

Ancien élève de l'Ecole polytechnique, professeur au lycée Condorcet.

ET

CH. RIVIÈRE

Ancien élève de l'Ecole normale, professeur au lycée Saint-Louis.

Un fort volume in-8, près de 800 pages, 616 figures dans le texte et
344 spectres en couleurs. Prix : 17 fr

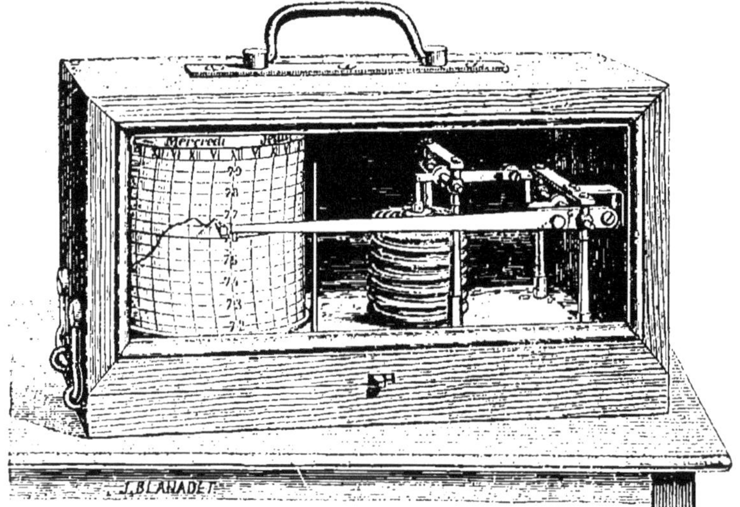

Cet ouvrage, comme l'indique son titre, a été écrit exclusivement pour les élèves de la classe de mathématiques spéciales. C'est un cours d'un seul jet, où tout s'enchaîne dans un ordre méthodique et nécessaire. Pas un calcul ne suppose des connaissances autres que celles du programme de mathématiques de la même classe. La notation différentielle prescrite par le nouveau programme d'admission à l'Ecole polytechnique, y est employée d'un bout à l'autre, et, pour en faciliter la compréhension aux élèves qui n'auraient pas encore vu cette partie du cours de mathématiques au début du cours de physique, une note de deux pages sur les infiniment petits précède le chapitre relatif à la pesanteur. Deux des chapitres qui, croyons-nous, ont le plus embarrassé les élèves l'année dernière, les notions de mécanique et la capillarité, ont été l'objet de tous les soins des auteurs qui pensent les avoir développés avec la plus grande rigueur et sans complications inutiles.

Des exercices, presque tous empruntés aux examens, sont traités complètement dans le cours de l'ouvrage. Enfin, toutes les figures sont dessinées au trait de manière à pouvoir être reproduites facilement au tableau par les candidats.

VACCINATION CHARBONNEUSE

D'après les récents travaux de M. L. PASTEUR

PAR

CH. CHAMBERLAND

Ancien élève de l'École normale supérieure, directeur du Laboratoire de M. Pasteur.

Un volume in-8, avec figures dans le texte.

Prix . . . . 5 fr.

MICROBES ET MALADIES

GUIDE PRATIQUE

POUR L'ÉTUDE DES MICRO-ORGANISMES

PAR

LE D' E. KLEIN, F. R. S.

Professeur-adjoint d'anatomie et de physiologie à l'École médicale de Saint-Bartholomew's Hospital, à Londres.

TRADUIT DE L'ANGLAIS D'APRÈS LA SECONDE ÉDITION PAR

FABRE-DOMERGUE

Licencié ès-sciences naturelles.

Un volume in-16, avec figures dans le texte.

Prix . . . . 5 fr.

ÉMILE LEJEUNE

Ingénieur des Arts et Manufactures.

GUIDE DU BRIQUETIER

ET DU CHAUFOURNIER

Tome I. — Briques, Tuiles, Carreaux, Tuyaux et autres produits en terre cuite. 1 fort vol. in-16, avec figures dans le texte 8 fr.

Tome II. — Chaux, Ciments, Bétons, Mortiers hydrauliques, Plâtre. 1 volume in-16, avec 75 figures dans le texte. . . . . . 4 fr.

L'ANNÉE INDUSTRIELLE

1re ANNÉE (1887)

Par MAX DE NANSOUTY

Ingénieur des Arts et Manufactures, Rédacteur en chef du *Génie civil*,
Secrétaire du Comité technique d'électricité à l'Exposition universelle de 1889.

UN BEAU VOLUME IN-18, ILLUSTRATIONS DE L. TISSERON

Prix, franco : 3 fr. 50.

*Électricité. — Construction. — Métallurgie. — Mines. — Mécanique.
Chimie et Physique. — Hygiène.*

EXTRAIT DE LA TABLE DES MATIÈRES

ARCHITECTURE — CONSTRUCTION

La tour Eiffel de 300 mètres. — Remplissage des parquets avec
du sable. — Emploi de la toile métallique dans la construction. —
Les voûtes sans cintres. — Fabrication des portes en papier. — Les
cheminées d'usines en briques. — La maison américaine incom-
bustible. — La fabrication des tuiles en Hollande. — Dessication
des bois pour l'ébénisterie — Cheminée d'usine en papier. — La
plus haute cheminée du monde. — Fabrication de pierres-marbres
artificielles. — La zylonite. — Parquet sur bitume. — Fabrication
des pierres artificielles.

CHIMIE INDUSTRIELLE ET HYGIÈNE

Construction d'une glacière. — Vaniline et alizarine artificielle. —
Le miel d'Amérique. — Le champignon vénéneux de la morue
salée. — Le sucre dans le tabac. — Le bordeaux verdissant. — Le
cognac artificiel. — Imperméabilisation des vêtements. — Coloration
artificielle des vins. — Les liqueurs d'importation. — Tout au
pétrin !

PHYSIQUE INDUSTRIELLE. — VARIÉTÉS

Locomotive géante (*La Parisienne*). — Nouvel explosif (*Le Pyro-
nome*). — Le sucre de sorgho. — La cuisson du plâtre. — Recherches
de M. Le Chatelier. — Extraction de la quinine du goudron de
gaz. — Emploi de la magnésie en papeterie. — Rectification des
flegmes d'alcool par l'ozone. — L'industrie chimique et son avenir.
— Le diamant de bore. — La fabrication de l'alun français.

TRAVAUX PUBLICS

Excavateur gigantesque. — Action des mortiers sur les tuyaux
de plomb. — Un nouveau ciment. — Le tunnel sous la Manche. —
Nettoyage mécanique des chaussées. — Bordures de trottoirs en
blocs creux artificiels. — Le débit des puits. — Le sciage des pierres.
— Les plus fortes grues du monde. — Préparation du marbre artificiel. — Drague colossale.

L'ANNÉE INDUSTRIELLE

2ᵉ ANNÉE (1888)

Par MAX DE NANSOUTY

PRIX, FRANCO : 3 FR. 50

Électricité. — Construction. — Métallurgie. — Mines. — Mécanique Physique et Chimie. — Hygiène.

Spécimen des figures de l'*Année Industrielle*.

La première année 1887 (voir un extrait de la Table des matières, page 15 de ce Catalogue), est également en vente au prix de 3 fr. 50.

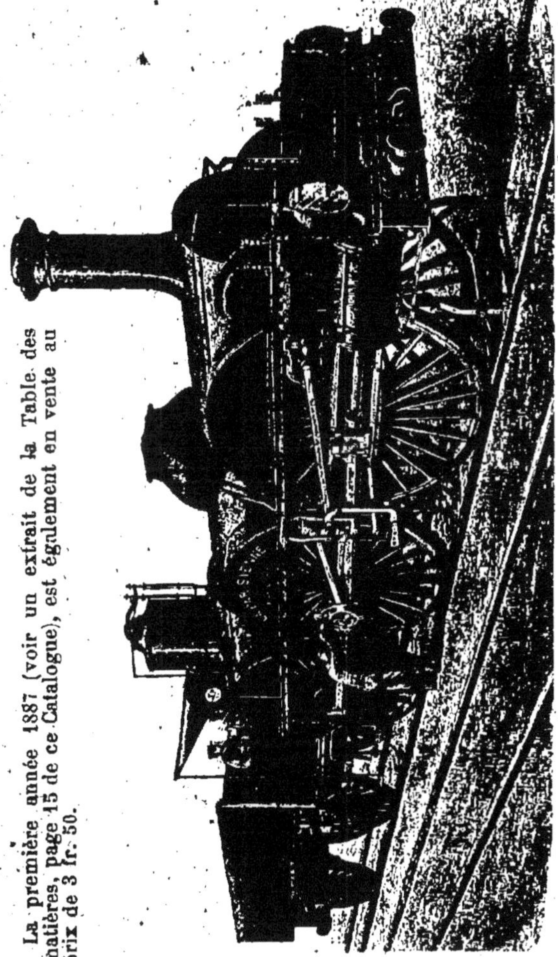

Locomotive géante la Parisienne. Diamètre des roues, 2ᵐ50; poids vide, 38 tonnes; vitesse, 120 à 130 kilomètres à l'heure.